Dortmunder Buch

1. Auflage, Februar 2015
Copyright by Patrick Fichter
ISBN 978-3-945238-08-0

Lektorat: Peter Gallus
Fotos: Patrick Fichter
Buchlayout: Dr. Christiane Flüggen
Cover: Manuel Guadagnini

Verlag Dortmunder Buch
Dieckmannweg 3a
D-44339 Dortmund
Tel: +49 (0)231 2206602
Fax: +49 (0)231 2206603
Mail: verlag@dortmunder-buch.de

Patrick Fichter

Mein Plan ist kein Plan!

Tagebuch einer Work & Travel Weltreise

Inhaltsverzeichnis

Einleitung	**9**
Der Reisebeginn – off to Oz	**9**
Organisation	**11**
Visa – Work and Holiday	11
TFN – Tax File Number (Steuernummer)	12
Super Fund	12
Kontoeröffnung	12
Skisaison in den Snowy Mountains – Thredbo	**13**
Das Top 2 Bottom Rennen	17
Besteigung des Mt. Kosciuszko	19
Freeriden in Thredbo	21
Das Skicross Rennen	22
Training für den Blackmores Sydney Marathon	24
Aprés Ski in Australien?	25
Die letzten Wochen in den Snowy Mountains	26
Reise nach Sydney!	**28**
The Blackmores Sydney Marathon	33
Wie sollte ich meine Reise in Australien organisieren?	**36**
Das beste Hostel buchen	36
Den besten Flug buchen	37
Melbourne	**37**
Great Ocean Road	39
Konkurrenzkampf zwischen Melbourne und Sydney	**42**
Adelaide	**42**
Next Destination Uluru	**45**
Indigenous in Alice Springs	49
The Rock Tour – Uluru	49
Darwin	56
Darwin Stadt	60
Wo geht die Reise hin? Cairns und die Ostküste runter bis Sydney!	**63**
Townsville - Magnetic Island	66
Townsville	68
Airlie Beach Whitsunday Islands	69
Great Barrier Reef	72
Hervey Bay – Fraser Island	73
Brisbane	75
Surfers Paradise	77
Byron Bay	80
Back to Sydney!	**84**

Blue Mountains	87
Griffith	**94**
Die richtige Arbeitssuche in Australien?	**95**
Organisation in den Blue Mountains	**96**
Asien	**97**
Malaysia Calling	97
Singapur	104
Cameron Highlands	108
Penang	111
Next Stop Langkawi	118
Thailand – Krabi	122
Koh Phi Phi	125
Hong Island	129
Hat Yai und zurück nach Kuala Lumpur	131
Silvester in Sydney	132
Neuseeland	**134**
Christchurch	134
Arthurs Pass nach Greymouth	136
Franz Josef Gletscher	139
Fox Gletscher – Richtung Wanaka	140
Queenstown	144
Te Anau – Milford Sound	146
Milford Sound	147
The Bluff – Dunedin	151
Otago Peninsula nach Lake Tekapo	153
Lake Tekapo	154
Hanmer Springs	157
Golden Bay	157
Farewell Spit	158
Nelson	161
Picton	163
Fährenfahrt auf die Nordinsel	164
Wellington	165
Tongariro Nationalpark	166
Besteigung des Vulkanes Mt. Ruapehu	168
Tongariro Alpine Crossing	170
Taupo	172
Rotorua	173
Hobbiton und Auckland	180
Last Stop Fiji – Yasawa Islands	182

Heimreise	192
Danksagung	193

Einleitung

Immer wieder treffe ich Menschen, die gerade eine Weltreise gemacht haben oder von ihrem Backpacker-Leben in Australien schwärmen. Seit einigen Jahren schwirrt die Idee „Down Under" auch in meinem Kopf herum. Ich will an das andere Ende der Welt reisen. Natürlich muss ich dort hin und wieder arbeiten, um Geld zu verdienen, denn Geld ist Zeit zum Weiterreisen zu neuen Horizonten und zum Lernen anderer Sprachen.

„Reisen musst du machen, wenn du jung bist", sagen Bekannte mit Lebenserfahrung und wiederholen es quartalsmäßig.

Das ist das Ziel, egal ob Down Under, Asien oder Neuseeland. Aber wie? Welche Probleme gibt es zu lösen? Und wie löst man sie? Wie kommt man als Backpacker durch die Welt? Reiseführer und Informationsbroschüren kosten nur Zeit und sind langweilig, oder? Nun gut sage ich mir, ich probiere es aus, „Versuch und Irrtum oder Learning by Doing".

Nach dem Studium der Physiotherapie, dem Masterabschluss und der Skilehrerausbildung habe ich es geschafft, bin frei und bereit die Welt zu erkunden. Im Februar 2013 bewerbe ich mich als Skilehrer in Thredbo, New South Wales, Australien. Beim Skype-Interview im März erhalte ich den Zuschlag. Bald ist „Take-off". Zweifel!

Soll ich Familie, Freunde, die kleine Schwester einfach zurücklassen? Und den Job als Physiotherapeut kündigen? Einmal im Leben keinen Plan haben! Das ist Freiheit! Ab nach Australien und dann mal schauen, wo es mich hinträgt!"

Mein Entschluss ist am Ende doch kurzfristig und verändert mein Leben auf einen Schlag!

Heute weiß ich, wer meine Erfahrungen nutzt, wird besser planen und so manchen Euro sparen und natürlich coole Reiseziele finden. Und er wird manchen Fehler vermeiden und es noch besser machen.

Der Reisebeginn – off to Oz

April 2013: Der Job in Australien ist fix, also werde ich in den Snowy Mountains bis Ende September arbeiten und die Gegend erkunden, aber was interessiert mich sonst noch? Ich will selbst entscheiden was ich von der Welt sehen will. Neuseeland ist auf jeden Fall mit dabei und die Fidschi-Inseln haben es auch in mein Flugticket geschafft. Dass in Australien noch viel mehr dazu gekommen ist, als ich eigentlich geplant hatte, war selbst für mich dann eine echte Überraschung. Wenn ihr selbst die Welt erkundet, werdet ihr viele neue Seiten an euch kennenlernen und euch immer wieder selbst überraschen.

18. Juni 2013 Die Skilehrer Ausbildung ist im Sack und endgültig abgeschlossen nach all den Jahren! Yes, ich habe es geschafft! Nach der Autofahrt von Südtirol nach München bei rund 37 Grad kann ich selbst noch nicht fassen, was ich gleich

machen werde!

22:35 Uhr: Ich habe gerade in dem Emirates-Flieger München Dubai Platz genommen, eine lange abenteuerliche Reise nimmt ihren Anfang. Die Emirates-Airline Musik ertönt und graviert sich felsenfest in mein Gedächtnis als Melodie eines neuen Lebensgefühls. Ein Gefühl der Unabhängigkeit, der Alltag entflieht und das Jetzt steht im Vordergrund. Ich beginne zu realisieren, dass ich für die nächsten 8 Monate meine Familie und meine besten Freunde nicht wiedersehen werde. Neben mir hat ein Japaner Platz genommen und ja ... er schnarcht schon! Das kann ja ein langer Flug werden.

19. Juni 2013, 06:30 Uhr: Viel geschlafen habe ich neben dem Japaner nicht. Dafür ließ das Entertainment Programm von Emirates nicht viel zu wünschen übrig. Viele verschiedene Filme, Musik verkürzten die Flugstunden erheblich. Nach einer kurzen Erfrischungsdusche im Flughafen von Dubai geht es auch schon weiter mit dem Flug nach Sydney. Mit der U-Bahn geht es zum Terminal, unglaublich, wie groß, und luxuriös der Flughafen in Dubai ist. Bald ist es soweit, Sydney is calling! Ach ja übrigens ist heute mein Geburtstag, ein Geburtstag im Flugzeug in Richtung Australien ist auch mal was Besonderes.

20. Juni 2013, 06:00 Uhr: Nach dem 14-Stunden-Flug bin ich endlich in Sydney angekommen! Der Anflug im Dunkeln war schon super, unglaublich, wie groß und schön die Stadt im Dunkeln leuchtet! Weg mit den Thrombose-Strümpfen, rein in die Winterjacke und ab in den Winter Australiens! Mit dem Gepäck, Skischuhe, Skier, Koffer, Laptop bewege ich mich langsam Richtung Bushaltestelle, wo mich der Greyhound Bus nach Canberra schon erwartet. Aber von Winter war keine Spur, 17 Grad und die aufgehende Sonne erleichterten mir die Umstellung auf den Winter.

10:00 Uhr: Nach der dreistündigen Busfahrt mit der Busgesellschaft von Murrays bin ich in Canberra, der Hauptstadt Australiens angekommen. Hier hatte ich noch einen Tag Zeit um einige Dinge zu organisieren, unter anderem musste ich bei der Gesundheitsbehörde die Medicare Karte beantragen (Krankenversicherungskarte in Australien) sowie die letzten Einkäufe (Bettbezug, Kopfkissen) erledigen. Die erste Nacht in Australien verbringe ich in dem YHA-Hostel von Canberra (in der Akuna Street gelegen). Ab ins Bett, mit drei sympathischen Indern und einem Belgier

Shuttlebus in den Snowy Mountains

verbringe ich meine erste Nacht in einem Hostel, eine kurze, weil der Bus in die Snowy Mountains bereits um 05:30 Uhr morgens von Canberra startet.

21. Juni, 05:30 Uhr: Mann, war das anstrengend mit dem Skigepäck zu der Bushaltestelle zu laufen … aber wo bleibt der Bus? Der kam leider nicht, sie haben mich vergessen! Mit Gepäck kämpfe ich mich wieder zurück zu dem Hostel. Erste Zweifel stellen sich ein. Was soll ich jetzt machen? Ich kenne keinen und bin alleine irgendwo in Canberra ohne Internet. Endlich um 09:00 Uhr meldet sich das Busunternehmen und entschuldigt sich. Eine reiche Frau hat wohl einen Privatbus in die Snowy Mountains für rund 500 australische Dollars reserviert und ich kann jetzt als Entschädigung gratis mitfahren (ihr könnt den Bus im Bild sehen, meine Rettung).

15:30 Uhr: Die ersten Eindrücke von der Landschaft auf dem Weg nach Jindabyne und Thredbo waren atemberaubend, die unendlichen Weiten mit unzähligen Gummibäume und den kargen Farben der Landschaft unterscheiden sich von allem was ich bisher gesehen habe. Die gesamte Strecke von Sydney bis nach Jindabyne ist nahezu unbewohnt, eine unglaubliche Natur, die sich komplett von der Landschaft in Europa unterscheidet. Kaum in der Skischule angekommen geht schon der Bürokram los und morgen soll ich schon sechs Stunden unterrichten. Die Wohnung wurde schon im Voraus durch Raine & Horne (Vermietungsgesellschaft) reserviert, da brauchte ich nur noch den Schlüssel abholen und die Kaution hinterlegen. Das Bankkonto war in zehn Minuten eröffnet, die TFN (Tax File Number) wird von mojoknows in zwei Wochen zugeschickt und bei der Anmeldung des Super-Funds war mir meine Supervisorin in der Skischule behilflich.

19:00 Uhr: Alles ist organisiert, ich bin endlich in der Wohnung angekommen. Sie befindet sich 34 km vom Skigebiet entfernt in der wunderschönen kleinen Stadt Jindabyne. Meine Mitbewohner sind die Barkeeper Aidan und Jake aus Australien, sie kommen von der Central Coast-Terrigal, die Skilehrerin Jacqui aus Sydney und eine weitere Skilehrerin aus den USA, San Francisco. Sie haben mich herzlich begrüßt und mich gleich zum Bier eingeladen, was ich gerne angenommen habe.

Die erste Hausparty haben wir auch schon geplant, na dann ab ins Bett nach drei Tagen Schlaflosigkeit und Jet lag hoch hundert.

Organisation

Um in Australien neben dem Reisen auch arbeiten zu können, damit die Reisekasse aufgefüllt wird, muss man zuerst ein paar Dinge erledigen, die jedoch schnell von der Hand gehen.

Visa – Work and Holiday

Das Work and Holiday Visa (Subclass 417) kann bei www.immi.gov.au/ beantragt werden. Zuerst muss ein Immi Account erstellt werden. Danach meldet ihr euch einfach für ein Work and Holiday Visa (Subclass 417) an. Es dauert ungefähr 40 Minuten, den Antrag zu stellen. Das Work-and-Holiday Visa kann zwischen 18-30 Jahren beantragt werden. Falls ihr schon 30 Jahre alt seid, müsst ihr euch vor dem 31. Geburtstag anmelden. Die Einreise muss innerhalb eines Jahres nach der Antragsstellung erfolgen. Als ich mich für das Visum beworben habe, lagen die Kosten bei ca. 290 Euro. Das Visum erlaubt euch einen Aufenthalt von einem Jahr. Wenn ich mich recht erinnere, kann man bis zu sechs Monate bei einem Arbeitgeber tätig sein, dann muss die Arbeit gewechselt werden. Aber das Ziel ist ja schließlich Work and HOLIDAY, also gönnt euch den wohl verdienten Urlaub und reist auch durch das wunderschöne Land. Falls ihr einen Aufenthalt von länger als einem Jahr plant, kann man ein Second Work and Holiday Visa beantragen. Die Voraussetzung dafür ist, dass man **88** Tage eine bestimmte Arbeit in einer festgelegten Region absolviert, wie z. B. Fruitpicking Jobs oder Farmarbeit. Informiert euch dazu gut bei eurem Arbeitgeber ob die Arbeit auch sicher für das Second Work and Holiday Visum gültig ist.

Falls ihr nur zum Reisen nach Australien fahrt, könnt ihr auch einfach ein eVisitor Visum (Subclass 651) beantragen, dieses ermöglicht euch einen Aufenthalt von drei Monaten in Australien.

TFN – Tax File Number (Steuernummer)

Die Tax File Number ist notwendig, um in Australien zu arbeiten, je früher man sie beantragt, umso besser. In der Webseite „mojoknows.de" könnt ihr bereits im Voraus eure TFN beantragen, sobald ihr dann in Australien einreist, wird diese automatisch beantragt und euch per E-Mail oder SMS zugeschickt. Bei mir hat das einwandfrei geklappt, es kostet zwar ca. 10 Euro aber es erspart einem einen Behördengang und das Ausfüllen eines längeren Formulars. Noch dazu muss man diese Behörde dann erst einmal ausfindig machen und der Weg dahin wird auch nicht viel billiger sein. Deshalb kann ich euch mojoknows nur weiterempfehlen!

Super Fund

Jeder Arbeitgeber ist verpflichtet, in einen Pensions-Fond einzuzahlen. Dies ist auch notwendig, um in Australien arbeiten zu können, also eröffnet einfach einen Fond, ich habe z. B. den Australian Super Fond gewählt, es war eigentlich alles unkompliziert und mein Arbeitgeber hat mich dabei auch unterstützt.

Kontoeröffnung

Das Konto habe ich sofort bei der Commonwealth Bank eröffnet, damit mein erstes Gehalt bereits nächste Woche pünktlich ankommt. Die Eröffnung des Bankkontos war unkompliziert und schnell, die Kreditkarte wurde mir bereits eine Woche später zugeschickt und das Konto war sofort zum Gebrauch verfügbar. Viele andere haben das Konto bei Westpac eröffnet. Ich kann euch auf jeden Fall diese zwei Banken weiterempfehlen. Für Vor und Nachteile schaut doch einfach mal bei der Webseite „www.reisebine.de" rein, hier findet ihr unter anderem auch zahlreiche andere Infos, die euch helfen können.

Skisaison in den Snowy Mountains – Thredbo

Die Snowy Mountains sind sozusagen die australischen Alpen, nicht mit den europäischen Alpen zu vergleichen aber es reicht anscheinend aus, um Schnee zu bekommen. Das Skigebiet liegt im Herzen des Kosciuszko Nationalparks. In dem Nationalpark liegt der höchste australische Berg (Mt. Kosciuszko) mit rund 2228 Metern über dem Meeresspiegel, benannt nach dem polnischen Nationalhelden Tadeusz Kosciuszko. Der Nationalpark ist wunderschön, dicht bewachsen von Gummibäumen, Eukalyptusbäumen. Bewohnt von Tausenden Kängurus, Wombats, Emus, Rosellas und Platypus. An den Gipfeln erscheint der Nationalpark unendlich, die hügeligen Berge mit der Weitsicht sind einfach mehr als beeindruckend.

Let the season begin! Voll motiviert geht's am ersten Tag per Autostopp zur Arbeit. Das ist in Australien eine angesagte Möglichkeit der Fortbewegung und vor allem in den Snowy Mountains ideal. Die Straßen führen nur in die Skigebiete von Thredbo und Perisher Blue und es verkehren keine öffentlichen Busse. In der Skischule angekommen kann ich auch schon gleich mit der Arbeit beginnen.

Die nächsten vier Wochen werde ich damit beschäftigt sein, eine kleine Gruppe von Teenagern für die Schülerwettkämpfe zu trainieren. Was für ein genialer Job, jeden Tag sechs bis sieben Stunden gute motivierte Skikinder trainieren in einem coolen Ort Australiens und dafür auch noch bezahlt zu werden. Das nenne ich mal einen super Backpacker Job in Australien. Zeit für Aufregung gab es keine und das mit dem Englisch wird schon klappen! Skikarte und Skianzug sind übrigens gratis. Alleine für die Skikarte zahlt man in Thredbo bereits 70 Euro pro Tag und 700 Euro für die Saison. An die Preise in den australischen Skigebieten muss man sich erst

Meine Skikinder in der Trainingsgruppe, immer für Spaß zu haben und gut gelaunt

einmal gewöhnen. So kostet z. B. eine Pizza Margherita in der örtlichen Pizzeria 15 Euro oder ein Bier 5 Euro. Da werde ich wohl selbst anfangen müssen meine Kochkünste zu zeigen und das Bier anfangs auf Eis legen.

Auf dem Weg zur Arbeit früh morgens sind uns in den nächsten Tagen schon einige Kängurus über den Weg gelaufen, auch Wombats und Emus konnte ich bereits am Straßenrand sichten. Mir ist aufgefallen, dass ich noch kein Tier aus meiner Heimat gesehen habe. Auch die Vögel wie Rosellasittiche und Papageien gibt es bei uns zu Hause nicht. Die in der Gegend heimischen und gefürchteten Brown Snakes werden Gott sei Dank dafür die gesamte Wintersaison im Winterschlaf sein!

An meinem ersten freien Tag am Ende der Woche lief ich durch Jindabyne und an den See von Jindabyne, der riesig ist und schöne Laufwege rund um Jindabyne bietet. Da muss man einfach Joggen, Wandern oder sich sonst wie bewegen. Mit 12 Grad ist es warm und kein Schnee in Sicht! Zeit sich die Jacke auszuziehen und an dem See zu relaxen!

Die erste Woche in der Skischule war super, ich habe schon so viele neue Leute (Skilehrer, Liftmänner, Barkeeper, DJs) aus der weiten Welt kennengelernt, sodass ich mich schon wie zu Hause fühle. Das Skifahren mit den Kindern macht mir viel Spaß, sie sind auch total begeistert und heben meine Motivation noch mehr. Wenn es so weitergeht, dann steht den Wettkämpfen in drei Wochen nichts im Wege!

In unserer Wohngemeinschaft könnte es auch nicht besser laufen, alle sind sympathisch und

Der Lake Jindabyne, ein beliebter Platz um den Nachmittag zu genießen

hilfsbereit und schon zu guten Freunden geworden. Wir haben jede Menge Spaß und auch schon einige Hauspartys hinter uns. Unser Wohnzimmer wird immer mehr zum Couchsurfing Paradies für die Freunde meiner Mitbewohner, was mir aber gar nichts ausmacht, ganz im Gegenteil. Ich lerne eine neue Seite an mir kennen, ich bin viel offener geworden. Neue Kontakte zu knüpfen, ist zur Selbstverständlichkeit geworden. So nebenbei krieg ich auch noch den ganzen Tag gratis Englisch Unterricht von meinen Mitbewohnern und Kollegen. Der australische Akzent ist schon wieder ein bisschen anders als das Englisch am Gymnasium. Man muss sich schon gut konzentrieren, um immer alle zu verstehen, bzw. am Anfang tat ich mich schwer, sie zu verstehen. Nach einem langen Arbeitstag, wo einem den ganzen Tag die Leute volllabern, versteht man am Abend nur noch Bahnhof. Aber ich bemühte mich trotzdem jeden Tag alles zu verstehen, und neue Wörter in mich aufzusaugen. Die meisten Männer hier in Australien sprechen aber auch verdammt schnell und undeutlich, sodass man sie schwer verstehen kann.

Meine Familie und Freunde vermisse ich schon ab und zu, vor allem meine Schwester und meine Freunde, da ich genau weiß, wie sie mich vermissen!

Doch das Internet auf dem Handy funktioniert jetzt ja endlich, so können wir uns zumindest verständigen. Das Internet ist übrigens teuer hier in Australien, ich habe einen Vertrag bei dem Anbieter Telstra, da man mit diesem den besten Empfang hier in Australien hat. Ich würde euch jedoch im Nachhinein die SIM-Karte von Aldi empfehlen. Hier bekommt ihr 1-GB-Internet pro Monat, das ihr auch gut für euren Laptop nutzen könnt. Im Vergleich zu den mickrigen 200 MB von Telstra. Aus Fehlern sollte man ja bekanntlich lernen!

Ab Mitte Juli war es dann soweit, meine Skikinder absolvierten ihre Skirennen, und das erfolgreich. Sie waren mit ihren Resultaten zufrieden und ebenso ihre Eltern, von denen ich als Dank einen Flachmann geschenkt bekommen habe. Sie waren der Meinung, dass ich den Flachmann bei der Kälte hier gut gebrauchen kann. Die wussten aber nicht, dass mir bereits der Winter in Australien schon zu heiß ist. Ab jetzt wurde ich überall eingesetzt, Kinderkurse, Privatstunden, Highschool Schulgruppen es war abwechslungsreich und manchmal auch anstrengend, wenn man 10 Anfängern gleichzeitig das Skifahren beibringen muss. Am Abend spielten wir Skilehrer einmal pro Woche gemeinsam Fußball und gingen oft in das Fitnessstudio, das von dem Skiort für die Skilehrer gratis zur Verfügung gestellt wird. Viele Skilehrer organisierten mehrdimensionale Hauspartys, mit DJs, Lagerfeuer, Stripperinnen und Dutzenden von Leuten aus aller Welt. Ja es war eine geniale Zeit und wir genossen alle den Augenblick, der im Rückblick viel zu schnell verging.

In Australien muss man leider immer damit rechnen unter strömenden Regen arbeiten zu müssen, im Nachhinein würde ich sagen, dass 10-15 echte Regentage dabei waren. Wenn die Temperatur sinkt, verwandelt sich der Regen aber wieder

Hauspartys in Jindabyne, am Abend ist immer für Action gesorgt (bis die Polizei kommt).

in Schneefall. Ski fahren am Limit der Klimaerwärmung könnte man sagen. Dafür waren beinahe jeden Tag riesengroße Regenbögen zu sehen, die einen bei der Heimfahrt nach der Arbeit stets bis zu der Haustür begleiten! Sogar auf der Skipiste sind Regenbögen keine Seltenheit, wie man in dem Bild links unten erkennen kann, einzigartig und wunderschön.

Einige der zahlreichen Regenbögen in Thredbo (oben) und Jindabyne (rechts)

Während der Skisaison habe ich eine persönliche To-do-Liste erarbeitet:
- Besteigung meines ersten Summits, Mount Kosciuszko, der mit 2228 Metern höchste Berg Australiens
- Teilnahme an dem berühmten Top 2 Bottom Rennen und an dem Skicross-Rennen
- Training für den Blackmores Sydney Marathon
- Freeriden und Freestylen in Thredbo

Das Top 2 Bottom Rennen

Mitte August stand das berühmt berüchtigte Top 2 Bottom Rennen auf dem Programm, bereits um 06:00 Uhr morgens traf ich mit ein paar anderen Skilehrern in dem Skigebiet ein, voll motiviert natürlich und siegeshungrig. Das Rennen findet früh morgens statt, wenn die Skianlagen noch nicht für die Gäste geöffnet sind, da wegen des Rennens die komplette Talabfahrt gesperrt wird. Bei dem Rennen handelt es sich um eine Art Skicross Kamikaze Abfahrt mit Massenstart, die von dem Gipfel des Berges bis in das Tal ausgetragen wird. In der Renngruppe, wo ich starten werde, sind sogar ein paar australische Olympioniken und österreichische Ex-National-Skicrosser im Startaufgebot, na das kann ja heiter werden. Als die Liftanlagen um 06:30 Uhr öffneten, bot sich ein fantastischer Sonnenaufgang am Gipfel des Berges. Unglaublich, wie die Snowy Mountains in der aufgehenden Sonne goldorange-rot zu schimmern beginnen, so einen Sonnenaufgang habe ich noch nie gesehen, einfach der Hammer. Gleich darauf startete bereits die Besichtigung des Rennens. Der Lauf ist halsbrecherisch, ungemein gefährlich, eisig und an den Pistenrändern sind so gut wie keine Absperrungen, die einem bei einem Sturz von den Gummibäumen, Schneekanonen, Schildern retten könnten. Ein Rennen mit Sicherheitsvorkehrungen wie in den 70er Jahren. Die Piste ist komplett vereist und pickelhart. Aber daran darf man natürlich keine Sekunde denken. Vollgas ist das Motto mit dem Sieg im Fadenkreuz. Da fällt mir der Leitspruch meiner Jugend ein: „Sieg oder Krankenhaus". Der Erstplatzierte bekommt gut 2000 australische

Sonnenaufgang über den Snowy Mountains

Dollars, da kann man schon mal was riskieren. Nach der Besichtigung ging das Rennen auch schon los, zuerst starteten die Snowboarder, dann die Frauen, Amateure, Veteranen und zu guter Letzt stand unsere Renngruppe auf dem Programm. Was für eine Anspannung an der Startlinie, gut 35 Läufer in einer Reihe aufgestellt. Da kam auch schon der Countdown. 3, 2, 1 GO! Alle sprinten gut 120 Meter den Berg mit den Skischuhen hoch und den Skiern sowie Skistöcken in den Händen. Ab einer bestimmten Markierung kann man sich die Skier anschnallen. Was für ein Kampf den Berg hoch, ein paar Läufer sind vor mir gestürzt, da es so eisig ist, und werden beinahe von der Masse überrannt. An dem Markierungspunkt war ich bereits so fertig mit meinen Kräften, man könnte es mit einem 300-Meter-Sprint vergleichen. Leider habe ich nicht gerade den besten Start erwischt und liege ca. nur an der 12. Stelle. Kaum die Skier angeschnallt startet auch schon die Abfahrt, unglaublich, wie knapp alle beieinander fahren bei dieser höllischen Geschwindigkeit. Im ersten Steilstück wurde die 100-km/h-Grenze bereits locker geknackt. In der darauffolgenden 180 Grad Kurve sah man so gut wie gar nichts mehr, da die Läufer zuvor so viel Schnee in die Luft gewirbelt haben. Egal, Vollgas in die Kurve mit all

Der Zieleinlauf des Top 2 Bottom Rennen

ihren Löchern, Schlägen ohne Rücksicht auf Verluste. Hier gab es bereits ein paar Stürze und ich konnte einige Fahrer überholen, die Beine brennen wie Feuer und sind bereits blau, aber den anderen wird es auch nicht recht viel besser ergehen. Im nächsten Steilstück konnte ich noch einen Fahrer überholen und die Vordermänner sind nicht zu weit entfernt. Was für ein Kampf, bis zum Ende konnte ich noch zwei Fahrer überholen, aber leider hatte es nur für den 6. Platz gereicht, das Preisgeld ist leider dahin. Wenn man einen guten Start erwischt, dann wäre alles möglich. Das Top 2 Bottom Rennen ist auf jeden Fall eines der coolsten Rennen, die ich je gefahren bin. Ideal um in den Arbeitstag zu starten, jetzt habe ich nämlich noch 6 Stunden Skiunterricht vor mir. Was für ein Morgen, einfach großartig, ich liebe mein Leben und meinen Beruf.

Besteigung des Mt. Kosciuszko
Seit Anfang August plane ich bereits die Besteigung des Mt. Kosciuszko, ich scheine wohl der einzige Mensch zu sein, den der Ehrgeiz gepackt hat und da um jeden Preis hoch will, ansonsten sind alle zu faul, um sich an ihrem freien Tag körperlich zu betätigen. Aber kein Problem für mich, ich werde da auch alleine hochkommen! Die ersten drei Wochen wollte der Wettergott an meinem freien Tag einfach nicht mitspielen, ob strömender Regen oder Schneefall mit Wind oder Nebel, alles war dabei, was die Besteigung unmöglich machte.

Am 31. August war es dann endlich so weit. Die Wetterprognose war gut, ich war bereits um 08:30 Uhr im Skigebiet und lieh mir Schnee-Wanderschuhe aus, mit dem Sessellift ging es hoch zum Ausgangspunkt – Eagles Nest, das Wetter war trotz guter Prognose nicht optimal. Starker Wind und Wolken trübten den stellenweise klaren Himmel. Das Blau des Himmels erstrahlt ein wenig dunkler als in den Alpen von Europa. Nichts und niemand konnten mich von meiner besessenen Idee abhalten. Auch nicht die Warnung eines Skilehrers bei dem Ausstieg des Sesselliftes, dass ich ja gut auf mich aufpassen und ihn eventuell anrufen sollte, falls etwas passiert. Ich zog mir meine Schnee-Wanderschuhe an und legte direkt los, der Weg war anfangs noch gut sichtbar. Nach einem km befand ich mich an dem Kamm des ersten Berges. Ein weites flaches Tal stand vor mir, strahlend weiß mit großen Steinen, an den Hängen lag meterhoher Schnee, der durch den starken Wind, der hier das ganze Jahr weht, angesammelt wurde. Der Wanderweg endete hier unter den Schneemassen und der eigentliche Summit des Berges war noch nicht einmal zu sehen, deshalb wurde mir ein wenig mulmig. Aus dem Nichts zog plötzlich eine große Nebelbank herein und da war es schon, das gefürchtete Whiteout. Ich sah gar nichts mehr. Ich erinnerte mich, dass ich einfach nur abwarten muss, und bewegte mich nicht vorwärts. Nach einigen Minuten war die Nebelbank vorbeigezogen. Aber bei diesen Bedingungen fortzufahren wäre unverantwortlich gewesen. Deshalb musste ich mich schweren Herzens entscheiden, umzukehren. Auf dem Abstieg kreuzte mich eine Pfadfindergruppe mit einem Wanderführer und GPS Gerät, nach einem kurzen Gespräch boten sie mir an, mich in die Gruppe aufzunehmen. Yes!! Ich werde heute meinen ersten Summit besteigen. Wieder an dem ersten Bergkamm angekommen durchliefen wir das weite Tal, wo schon einige Skisurfer mit ihren Kites den Wind zu ihren Gunsten nutzen. Das ist ein Paradies, die weite Schneelandschaft gab mir ein einzigartiges Glücksgefühl von Freiheit. Nach zwei Stunden waren wir am letzten Hang unterhalb des Gipfels angekommen, ein italienischer Skitourengeher hat sich uns ebenfalls angeschlossen. Wir bedankten uns bei dem Wanderführer und bestritten den letzten Hang Richtung Summit, meterhohe Schneedecken bedecken den höchsten Berg Australiens. Meine Schuhe waren bereits seit einer halben Stunde mit Schnee gefüllt und die Füße gefroren, aber bald haben wir es geschafft. Nach dem letzten steilen Hang erreichten wir den flachen Bergrücken, der uns zu dem höchsten Punkt Australiens führte. Angekommen! Wir nahmen uns in die Arme, waren überglücklich und genossen die Wahnsinnsaussicht von dem höchsten Berg Australiens. In allen Himmelsrichtungen war keine höhere Erhebung zu sehen, man könnte fast meinen, dass man auf dem Mt. Everest steht, auch wenn die Berge zu Hause rund 1500 Meter höher sind. Bevor die nächste Nebelbank hereintrat schossen wir noch ein paar Fotos und liefen auch schon den Berg wieder hinab! Nach einem Zweistundenlauf durch den Tiefschnee bin ich schließlich wieder an der Talstation angekommen. Ich hatte es geschafft, der erste Summit war in meiner Tasche. Wer weiß, ob in Zukunft noch mehrere Summits auf anderen Kontinenten hinzukommen werden.

Top of Australia – Blick von dem Gipfel des Mt. Kosciusko

Freeriden in Thredbo

Ab Mitte August war die Schneesituation in Thredbo optimal, wir dachten alle, dass jetzt endlich der Winter eingekehrt ist. Es gab jede Menge Neuschnee, so konnte ich meinen freien Tag zum Freeriden nutzen. Um es kurz zu sagen es war brilliant! Es gibt viele schwarze Pisten zum Freeriden, wie die Golf Course Bowl, Michaels Mistake, The Bowl, The Bluff und The Funnel Web die bei guten Schneeverhältnissen super sind. Man kann den Powder genießen, über Klippen und große Steine springen und zwischen den Gummibäumen hindurchwedeln, manchmal trifft man auf Wombats oder Kängurus. Einfach ein Traum! Thredbo ist auch bekannt für seine Freestyle Parks mit jeder Menge Slidestangen und kleinen bis riesigen Sprüngen, wo man seine Freestyle-Fähigkeiten voll ausschöpfen kann, was ich natürlich gemacht habe. Am Ende der Saison gab es auch noch einen Contest mit dem höchsten Kicker der südlichen Hemisphäre – das One-Hit-Wonder. Der Spaß und das Entertainment auf den Pisten Australiens haben einen hohen Stellenwert und lassen nicht viel zu wünschen übrig, was die Jugend zu schätzen weiß.

Im Bild seht ihr mich links neben dem südkoreanischen Skilehrer Dae Keun bei unseren ersten Sprüngen im Funpark nach der Arbeit.

Freeriden in Thredbo

Das Skicross Rennen

Ende August fand endlich das Skicross Rennen statt, auf das ich mich schon ewig lang gefreut habe. Ich konnte mir dafür extra einen Tag freinehmen. Na gut, der Skischulen-Supervisor hat gesagt ich kann mir freinehmen, wenn ich mit ihm dann das Preisgeld teile. Das war natürlich nicht ernst gemeint. An dem Tag goss es morgens wie aus Kübeln, Regen Regen und nochmals Regen. Nach einigen Probeläufen ging es los mit der Qualifikation, die acht schnellsten Fahrer qualifizieren sich für das Halbfinale. Der Lauf ist zwar kurz aber es ist dennoch alles dabei, was ein Skicross Rennen auszeichnet (Sprünge, Wellen, Banden). Der Qualifikationslauf lief richtig gut, und da ich über eine Sekunde Vorsprung hatte, konnte ich mir im Halbfinale den Startplatz aussuchen. Es ist schon cool am Start zu stehen mit drei weiteren Konkurrenten und genau zu wissen, dass jetzt gleich richtig Action angesagt ist. Da ging die Startluke auf und jeder gab sein Bestes, Gott sei Dank konnte ich als Erster in die Kurve einbiegen und fuhr das Rennen souverän nach Hause. Jetzt müsste ich nur noch das Finale gewinnen und mein freier Tag wäre perfekt mit gut 600 Dollar Preisgeld. In dem Finale sind ein Amerikaner, ein Franzose und ein Australier, die bereits mehrfach dieses Rennen gewonnen haben, aber ich bin mir irgendwie sicher, dass ich das Rennen heute für mich entscheiden werde. Was für ein genialer Moment, bevor sich die Startluke öffnet, kann man das Adrenalin in jeder Zelle spüren, jetzt geht es also darum, Vollgas! Nach einigen Fehlversuchen, wir waren anscheinend alle zu motiviert, öffnen sich die Startluken. Jeder kämpfte als ginge es um sein Leben und da passierte das Missgeschick. Der Franzose links von mir brachte seine Stöcke genau zwischen meine Beine und ich wäre beinahe gestürzt. Es reichte somit nur für den vierten Platz in der ersten Kurve. Aber so leicht lass ich mich

Der Start des Skicross Rennens

natürlich nicht abschütteln. Mit vollem Risiko über den großen Sprung konnte ich jede Menge Geschwindigkeit in das Flachstück mitnehmen. Hier überholte ich den Franzosen, der an dem Schlammassel schuld ist. Bis zur letzten Kurve hatte ich zu den anderen aufgeschlossen und fackelte gar nicht lange herum, mit aller Geschwindigkeit wollte ich beide innen überholen und meinen wohl verdienten Sieg nach Hause fahren. Leider zu viel Risiko. Die Zentrifugalkräfte, die auf mich einwirkten, waren einfach zu stark und ich wurde gut 2 Meter in die Luft ausgehebelt, landete mit dem Kopf an der Seitenbande und das Rennen war für mich endgültig gelaufen. Preisgeld schon wieder einmal dahin und noch dazu das Knie leicht lädiert und die Ski waren ebenfalls kaputt. Im Nachhinein war ich aber trotzdem froh, dass ich mich nicht schlimmer verletzt habe. Für Action war gesorgt, ein genialer freier Tag, was will man mehr. Mitmachen und immer das Beste zu geben ist für mich das Wichtigste.

Training für den Blackmores Sydney Marathon

Anfang August hat mir ein französischer Skilehrer Yann Matita erzählt, dass er seit einigen Monaten für den Sydneymarathon trainiert. Ich selbst habe auch bereits angefangen, in meiner Freizeit immer mal wieder entlang des schönen Lake Jindabyne zu laufen. Eines Tages kam mir selbst die Idee, an dem Marathon teilzunehmen. Ich wollte ja eigentlich immer schon einmal einen Marathon laufen. Obwohl das Laufen nicht zu meinem Spezialgebiet gehört bin ich durch andere Sportarten wie Mountainbike, Fußball, Tennis, Bouldern und nicht zu guter Letzt durch das Skifahren fit. Aber für einen Marathon wird es wahrscheinlich ohne gezieltes Training bis jetzt doch nicht reichen. Der Sydneymarathon ist ja bereits am 22. September! Egal ich meldete mich für den Marathon an. Wenn ich mich schon anmelde, dann schon gleich mit einem Startplatz in der A-Gruppe und einer Richtzeit unter 3 Stunden und 45 Minuten. Das Training kann losgehen. So habe ich auch Yann mitgeteilt, dass ich mit von der Partie bin. Er hat sich gefreut, einen Trainingspartner zu haben. Bereits in derselben Woche (Ende August) sind wir zweimal zusammen 10 km gelaufen in ca. 50 Minuten. Ihr könnt mir glauben, dass ich kurz vor dem Sterben war mit diesem französischen Teufelskerl. Er war so fit, da muss ich noch ordentlich trainieren, um mithalten zu können. Yann berichtete mir von seinem Plan, einmal von dem Skigebiet Thredbo ausgehend bis nach Jindabyne zu laufen (34 km). Das soll seine ultimative Probe für den Marathon werden und ich habe zugestimmt mitzulaufen. Was habe ich mir da bloß angetan?

Yann beim Marathon Test von Thredbo nach Jindabyne

Am 7. September war es soweit, an unserem freien Tag waren wir schon um 08:30 Uhr im Skigebiet und trafen die letzten Vorkehrungen für den Probemarathon. Los ging es, die Straße ging meistens bergab durch die Wälder der Snowy Mountains entlang der Hauptstraße. Die ersten 10 km vergingen wie im Flug, hin und wieder ging es bergauf, was volle Kraft kostete und nach 20 km legten wir unsere geplante Bananenpause ein. Dies erwies sich allerdings als folgenschwerer Fehler. Kaum stehen geblieben war jeder weitere Schritt wie ein Tritt mit dem Knie gegen den Oberschenkel. Ich kann mich noch gut an die verdammten Schmerzen erinnern. Auch unsere Knie schmerzten, weil die Straße nicht immer eben war. Doch weiter ging es, keine Schmerzen vortäuschen. Nach dem 27. km musste mein französischer Kollege aufgeben, weil sein Knie zu sehr schmerzte. Er fuhr dann per Autostopp nach Jindabyne. Mein Ehrgeiz wollte das nicht zulassen. Ich lief die kompletten 34 km in 3 Stunden und 10 Minuten bis zu meiner Wohnung und war dann komplett am Ende! Jetzt wusste ich, worauf ich mich da eingelassen habe, und war bereit meinen Weg fortzusetzen. Zwei Wochen habe ich noch, jetzt lege ich mal zwei bis drei Tage Pause ein und dann wird der Trainingsplan eiskalt fortgesetzt.

Am nächsten Tag hatte ich einen Muskelkater der mir Schwierigkeiten bereitete in die aufrechte Position zu kommen. Und bei den vier Stunden Skiunterricht hatte ich mittelschwere Schwierigkeiten, aber ich habe es natürlich irgendwie geschafft. Mehr zu dem Abenteuer Sydney Marathon gibt es später.

Aprés Ski in Australien?
Viele meiner Kollegen fragen mich, ob es in Australien eigentlich auch Aprés Ski Partys wie in den Alpen gibt. Ich muss sagen, dass es in Thredbo nicht so ist. Die Australier können mit deutschen Aprés Ski Liedern nicht recht viel anfangen. In den Lokalen gibt es nach dem Skifahren aber wohl Bands die auftreten mit angesagter Musik, sowie Partys und Festivals direkt am Berg! Vor allem, wenn gerade Schulferien und Uni-Ferien sind sowie am Wochenende ist immer was los.

In Thredbo gibt es jedoch etwas Besonderes, Aprés Ski Partys, organisiert von einem schottischen Skilehrer, dem wahrscheinlich coolsten Skilehrer Australiens, Spencer Cann! Spencer zog vor ein paar Jahren aufgrund seiner Scheidung spontan von Schottland nach Australien und ist einfach nie wieder nach Hause zurückgekehrt. Er verkörpert den Spaß an der Arbeit und nach der Arbeit wie kein anderer. Spence ist für seine Organisation von Aprés Ski Partys für die Skischule berühmt und scheut keine Mühen, damit nach den Partys auch alle wieder jeder heil mit dem Bus nach Jindabyne kommen! Manche tragen sogar ein T-Shirt mit dem Slogan „Get Spenced". Bei seinen Partys läuft am Anfang sogar

richtige Aprés Ski Musik wie in Österreich, manchmal in Kombination mit Bands oder DJs. Jeder freut sich darauf, wenn es nach dem Skiunterricht endlich wieder einmal heißt „GET SPENCED". Leute tanzen auf den Tischen, trinken deutsches Bier wie Löwenbräu und tanzen in die Nacht. Um halb neun fährt meistens der Bus nach Jindabyne, wo manche die Party im Club fortsetzen. Ich kann Spence nur dafür danken, er ist einfach ein besonderer Teil der Skischule.

vorhergehende Seite und links: Einige Skilehrer bei den Get Spenced Aprés Ski Partys

Die letzten Wochen in den Snowy Mountains

In den letzten zwei Monaten haben sich in unserer WG einige Gewohnheiten entwickelt, so war montagabends Chicken Wings Abend in dem Bowling Lokal von Jindabyne, dienstagabends Tacos Night beim Mexikaner und donnerstagabends Steak Abend bei Rydges, nicht selten mit Party. An den restlichen Tagen haben wir uns meistens mit dem Kochen abgewechselt. So habe ich manchmal Leute eingeladen und italienisch gekocht oder österreichisch und wir wurden eingeladen südkoreanisch, japanisch oder amerikanisch zu essen, einfach nur Klasse so viele Esskulturen zu probieren und nebenbei neue Kulturen und Menschen kennenzulernen. So kommt man im teuren Australien zu einem günstigen und wohlverdienten Abendessen, ohne jeden Tag selbst hinter dem Herd zu stehen. Freitag und Samstag waren meistens Hauspartys auf dem Programm mit anschließendem Clubbesuch! Zwischen dem ganzen Sport und Abendvergnügen habe ich trotzdem hin und wieder Zeit zum Lernen für meine Zukunft als Physiotherapeut gefunden. Unsere Wohngemeinschaft war super, vor allem Aidan und Jacqui möchte ich für die wunderbaren Abende, Partys und Freundschaft danken, die sich zwischen uns entwickelt hat!

So langsam geht die Saison dem Ende zu, seit Ende August steigen die Temperaturen unaufhaltsam auf bis zu 22 Grad auf den Skipisten an. In Jindabyne kann man tagsüber schon mit kurzen Ärmeln rumlaufen und fühlt sich wie im Sommer. Meine Privatstunden kommen neuerdings sogar schon mit kurzen Hosen und

T-Shirts zum Skiunterricht an. Jeden Tag verabschieden sich einige Skilehrer und treten ihr Abenteuer in Australien an, ich werde noch ein paar Tage durchhalten und mein letztes Geld verdienen.

Der letzte Arbeitstag! Das One-Hit-Wonder von Thredbo

Es grenzt schon an ein Wunder, dass der Schnee noch hält. Teilweise sind in den Pisten Wasserlöcher oder Flüsse neben und in der Piste, die jeden Tag an Durchmesser verliert. Schneekanonenbetreiber werden nach Hause geschickt, da es einfach zu warm ist, um Schnee zu produzieren. Anfang September dann schließlich das Aus. Die Talabfahrt und somit die Zauberteppiche für die Anfänger und Kinder werden geschlossen! Jetzt geht es auf den Berg mit den Anfängern. Neben dem Ende der Piste, die nicht gerade breit ist, werden jetzt die Skikurse für die Anfänger durchgeführt. Die Kinder werden noch mit dem Skidoo nach oben transportiert, während die Anfänger der Erwachsenen zu Fuß die Piste hochlaufen müssen. Ja, jetzt beginnt so langsam der harte Teil der Arbeit in Australien, den Berg hochlaufen mit 10 Anfängern, ihnen in die Ski steigen helfen und sie wieder alle heil nach unten bringen zwischen den Menschenmassen ist kein Zuckerschlecken. Und dann muss man schon wieder mit allen hochlaufen bei gut 20 Grad Celsius. Aber auch wenn die Bedingungen noch so unmenschlich und hart sind, geben wir trotzdem alle unser Bestes um die Leute zufriedenzustellen. Ich glaube diese Erfahrungen haben meine Kompeten-

Der letzte Arbeitstag: Die umliegende Landschaft

zen als Skilehrer bereichert. Am Morgen fahren von Tag zu Tag immer weniger Leute in das Skigebiet und man muss schon früh aufstehen, um die Arbeit sicher rechtzeitig per Autostopp erreichen zu können. Deshalb entscheide ich mich dafür, dass der 15. September der Zeitpunkt sein soll, um meine Arbeit hier zu beenden. In der letzten Woche fand noch die große Abschlussfeier von der Skischule statt, zu der sich alle zu dem Thema „Nice or Naughty" verkleideten. Es ist schon fast ein bisschen traurig, dass die Skisaison zu Ende geht und jetzt alle einen verschiedenen Weg gehen werden, aber andererseits auch cool. Mein Weg wird mich nach Sydney führen, um mir dort die Stadt anzuschauen und den Marathon zu laufen und dann werde ich mich entscheiden, wo es hingehen soll. Mein Plan ist bekanntlich, nicht zu planen.

Reise nach Sydney!

Mit dem Greyhound Bus geht es heute nach Sydney! Schweren Herzens habe ich mich von allen meinen neuen Freunden und Bekannten sowie der Skischule verabschiedet. Jetzt beginnt mein Abenteuer Australien! Nach sechs Stunden Busfahrt am Hauptbahnhof in Sydney angekommen, bin ich auch schon direkt

Die Skyline von Sydney

neben meinem Hostel für diese Woche, das Base Hostel. Eines der besten Hostels in Australien. Es ist zwar nicht so billig mit umgerechnet 25 Euro pro Tag, aber in Sydney ist sowieso nichts billig, des-

Der Westfield Tower

halb rentiert es sich laut meiner Meinung auf jeden Fall dieses Hostel zu buchen. Man befindet sich direkt im Zentrum und kann alles leicht erreichen. Skisachen und Koffer in das Zimmer abgestellt laufe ich auch schon direkt Richtung Oper und der Harbour Bridge zu dem wohl schönsten Hafen der Welt. Auf dem Weg sehe ich bereits die besten Shopping Straßen und den Westfield Tower, einen der größten Türme Australiens. Die Hochhäuser sind atemberaubend, weil ich ja nicht aus einer Großstadt komme, sondern aus dem schönen Südtirol, deshalb schicke ich mal einigen Freunden und Bekannten ein paar Bilder, um meine neuen Erfahrungen zu teilen.

Nach 40 Minuten Gehweg ist der Hafen in Sichtweite, Tausende von Leuten strömen durch die Hafenpromenade, Künstler machen ihre Show und ein Indigenous spielt mit dem Didgeridoo. Die Oper erscheint im Lichte des Sonnenunterganges, und während ich Richtung Oper gehe, erblicke ich zum ersten Mal die Harbour Bridge. So oft habe ich die Postkarten von Australien in meinem Zimmer angeschaut und jetzt stehe ich selbst da. Ein kleiner Lebenstraum geht in Erfüllung und ich habe jede Menge Zeit, schließlich ist der Marathon erst in 6 Tagen! Zurück im Hostel angekommen lerne ich auch schon meine Zimmerkollegen kennen, zwei Franzosen, die gerade erst in Australien angekommen sind und eine Arbeit suchen sowie eine sympathische Belgierin, die in Australien ein Praktikum machen wird. Morgen werde ich mich mit Jacqui treffen, damit sie mir ihre Stadt zeigt. Das wird bestimmt super! So endete der erste Tag in Sydney.

Am nächsten Morgen aufgewacht, begab ich mich sofort auf die Suche nach einem Lieferservice, damit ich endlich meine Skisachen loswerden kann (rund 17 Kilogramm, ohne Ski), denn mit Skischuhen kann ich unmöglich durch die weite Welt reisen. Die ersten Anbieter verlangten rund 500 Dollar für die Verschiffung. Meine Rettung war Australian Post, zwar immer noch teuer für die Verschiffung aber 150 Dollar waren meine gesamten Skisachen auf jeden Fall noch wert. Vier Monate dauert es übrigens, bis die dann hoffentlich zu Hause ankommen, fünf Monate stehen ja noch vor mir, damit passt das schon! Ohne Skisachen fühlten sich meine Schultern schon um einiges leichter an.

Da kam auch schon der Anruf, Jacqui hatte eine Planänderung auf dem Programm, sie will nach Palm Beach fahren, einen der schönsten Strände Sydneys, wo viele reiche Australier sich gerne ein Strandhaus kaufen. Wir sind für zwei Tage in das Strandhaus eines wohlhabenden Skilehrers eingeladen, es sollen wohl viele Arbeitskollegen hier gerade eine Auszeit nehmen. Hätte ich das nur vorher gewusst, jetzt ist das

Das Strandhaus mit Jacqui und unserem Ski-Kollegen James in Palm Beach

Palm Beach

Hostel schon gebucht. Macht nix, Rucksack packen und auf geht's! So eine Chance darf man sich nicht entgehen lassen. Zwei Stunden später liefen wir mit Bierkisten und Essen ausgerüstet in das Strandhaus unseres Kollegen James ein, die durstigen Skilehrer erwarteten uns bereits. Unglaublich, was für ein Feriendomizil dieser besitzt! Wunderschön möbliert, mit einem riesigen Flatscreen, das Wohnzimmer direkt an den Strand angrenzend, wobei die Schiebetür (rund 7 Meter) geöffnet war. Ein Traum! Alle Skilehrer sind gerade vom Surfen zurückgekehrt und genießen die Pause bei einem Freeride Skivideo vor dem Flatscreen, was für ein Leben und wir sind mittendrin. Der Tag war super, wir chillten am Strand und am Abend fabrizierten wir ein super Barbecue.

Am nächsten Morgen heißt es schon wieder Abschied nehmen. Im Klange des Meeres gerade erst erwacht gibt es eine erneute Planänderung, Jacqui und ich fahren nach Terrigal an die Central Coast, rund 2 Stunden nördlich von Sydney um unsere WG Kollegen zu besuchen. Terrigal ist ein wunderschöner Ort an der Central Coast. Jake, Aidan und seine Freundin Bec zeigen uns ihr

oben: Jake an den Klippen des Lookouts,

Blick auf den Ozean und Strand von Terrigal

Zuhause, vor allem Jake präsentiert uns stolz seine Jet-Skier, dann sehen wir uns gemeinsam den Ort an und genießen die Aussicht von einem geheimen Lookout den Jake besonders gerne mag. Die Aussicht ist gigantisch, wir stehen am Rande einer 200 Meter hohen Felsenwand, ringsum Meer und der unendliche Strand der Central Coast. Zum Abschluss will uns Jake noch in die beste Eisdiele an der Central Coast einladen. Ich kann es nur bestätigen, die Eisshakes sind der Hammer in Terrigal. Dann müssen wir endgültig Abschied nehmen von unseren Kollegen. Danke für die tolle Zeit, die Jungs sind toll in Form.

Zurück in Sydney angekommen, wo sich meine Zimmerkollegen bereits Sorgen gemacht haben, wo ich die letzte Nacht wohl war, ging ich auch schon gleich trainieren für den Marathon. Das Training kam in den letzten Tagen ein bisschen zu kurz. Am nächsten Tag fuhr ich sofort nach Bondi Beach mit dem Bus, einer der besten Surfstrände Australiens und mit einer halbstündigen Busfahrt leicht von Central aus zu erreichen. Um es kurz zu sagen, Bondi ist ein Muss für jeden, der nach Sydney kommt. Kaum am Strand angekommen bei 25 Grad im Frühling und relativ wenig Touristen für diese Jahreszeit, genieße ich den klaren Himmel und die Sonne. Plötzlich klopft mir jemand an die Schulter, es dauert eine Weile, bis ich realisiere, was los ist. Das gibt es doch gar nicht! Ein Studienkollege von Italien hat mich erkannt, was für ein Zufall, er ist seit gut zwei Wochen in Sydney und will hier für ein Jahr bleiben. Als wir uns unterhalten, kommt zufällig auch noch der französische Skilehrer, der mit mir den Marathon laufen will. Er ist hier, um mit seinem Kollegen zu surfen. Das kann doch nur ein Traum sein. Nein, meine Reise soll mich in Zukunft noch lehren, dass man Menschen immer zweimal im Leben sehen wird.

Mein alter Studienkollege Marco und ich am Bondi Beach

Nach dem Überraschungstreffen mit meinen Kollegen bin ich noch entlang des Bondi Beach spaziert. Ich empfehle euch, sowohl am Norden als auch am Süden des Strandes entlangzugehen und euch nicht nur auf die faule Haut zu legen. Die felsige Küste erinnert mich an Sardinien, es gibt zahlreiche traumhafte Lookouts über den Strand von Bondi. Im Norden kann man durch Bondi auf den Hügel gehen (bei dem Turm im Bild) da ist ein wunderschöner Park zum Chillen, von da aus sieht man die Harbour Bridge, Skyline Sydneys bis nach Manly. So habe ich realisiert, wie groß diese Stadt ist, noch dazu mit solchen Traumstränden, Sydney ist magnificent.

Nach dem Spaziergang lief ich von Bondi bis zu dem Opernhaus und ging dann zu Fuß bis ins Hostel als letztes Training für den Marathon, ich freue mich schon darauf! Beim Spaziergang liefen mir krasse Typen über den Weg. So sah ich eine Frau die Pullis von Footlocker stehlen wollte und vollgepackt aus dem Geschäft lief. Ihr folgte ein Angestellter. Sie wäre beinahe unter ein Auto gelaufen, da sie allzu risikobereit auf die Straße rannte. Das Auto fegte die Pullover weg, und der Angestellte hat ihr nur hinterhergerufen: „Du dumme Kuh!"

Kaum zwei Minuten später spazierte ein Paar vor mir, dass Beziehungs-Streit hatte. So lautes Schreien habe ich noch nie gehört. Jedenfalls nahm die Frau Anlauf, rammte den Kopf gegen die Eisenstange eines Straßenschildes und fiel zu Boden, als hätte Klitschko ihr einen Uppercut verpasst. Nach kaum 10 Sekunden stand sie auf, schrie erneut herum und nahm einen zweiten Anlauf, um erneut gegen das Straßenschild zu laufen und ihren KO herbeizuführen.

Zu guter Letzt begegnete mir noch ein totaler Freak im Drogenrausch ohne T-Shirt, der versuchte, Leute zu verprügeln, ohne Grund und mitten in der Stadt. Unglaublich, alles innerhalb gut einer halben Stunde. Ich glaube man sollte immer einen gewissen Sicherheitsabstand von auffälligen Leuten halten und ein offenes Auge bewahren, während man durch die Stadt läuft, aber auf jeden Fall war das an diesem Tag natürlich auch ein riesen Zufall, dass man so vielen schrägen Leuten über den Weg läuft, normalerweise sind alle freundlich und cool drauf.

An meinem letzten Tag vor dem Marathon fiel mir auf, dass mein Plan keinen Plan zu haben wahr wird. Was mache ich eigentlich danach? Bei STA Travel sehe ich ein Angebot für einen Flug nach Samoa, Asien wäre auch nicht schlecht für das Preis-Leistung-Verhältnis. Oder suche ich mir eine Arbeit in Sydney? Da fallen mir die Worte eines Skilehrers ein „Work and TRAVEL" jetzt habe ich das ganze Leben studiert und gearbeitet. Ich muss erst einmal lernen nichts zu machen und die Zeit zu genießen, lernen mich gehen zu lassen und einfach Urlaub zu machen und das ohne schlechtes Gewissen. In dem Reisebüro wird mir klar, dass ich hier bin, um Australien abzureisen, auch wenn es nicht so günstig ist wie Asien. Ich lasse mir von dem Reiseberater einen Flug nach Melbourne und Adelaide buchen, mit Unterkunft in dem Hostel von Nomads, er meint, dass es günstig und gut sei. In Australien kurzfristig selbst Flüge zu buchen sei teurer und unsicher. Ja das war wohl einer der größten Fehler meiner Reise auf den Typ zu hören, ich habe es gebucht und bereut. Dazu werdet ihr später in dem Kapitel Melbourne und

Adelaide noch mehr erfahren. Wie man es richtig machen sollte, erklär ich euch in dem Kapitel „Wie soll ich meine Reise in Australien organisieren?" Hätte ich bloß diese Informationen schon früher gewusst.

Am Abend kamen alle Skilehrer und Jacqui von dem Strandhaus zu dem Hafen von Sydney, sie haben mich dazu eingeladen, mit der Fähre nach Cockatoo Island zu fahren. Die größte Insel im Hafen von Sydney. Jacqui erzählt mir, dass die Insel einmal eine Sträflingskolonie war, zudem gab es hier ein Gefängnis. Die Insel zählt seit 2010 zum UNESCO-Weltkulturerbe. Heute ist die Insel ein beliebtes Ausflugsziel und es gibt große Lokale, wo man gerne mal in den Abend startet. Es ist schon etwas Besonderes, die Fährenfahrt führt am Opernhaus vorbei, unter die Harbour Bridge hindurch, der Blick auf die Skyline bei Nacht ist voll krass. Die Insel sieht wirklich immer noch aus wie ein Ex Gefängnis, eine optimale Location für Partys. Das Lokal, in dem wir haltmachen besteht aus einer Schiffswerft, wohl eine der größten Australiens die auf der Insel seit 1992 stillgelegt ist. Da morgen der Marathon ansteht, werde ich heute leider nicht anschließend mit den anderen in das Kings Cross, das Partyviertel Sydneys feiern gehen, sondern brav schlafen gehen. Der Ausflug auf die Cockatoo Insel war gut und ist in jedem Fall zu empfehlen.

The Blackmores Sydney Marathon
Es ist soweit, der lang ersehnte Tag ist da, 22. September 05:00 Uhr, ich packe meine Sachen und mache mich auf den Weg zur Küche. Nein! Das kann doch wohl nicht wahr sein, die Küche öffnet erst um 06:00 Uhr. All meine Riegel und Energie-Gels für den Marathon befinden sich darin. Geschäfte haben noch geschlossen. Egal, ich esse 2 Bananen und Gels werde ich schon während des Marathons bekommen.

Wow, mit dem Zug am anderen Ende der Harbour Bridge angekommen strömen schon Tausende Sportler Richtung Startgelände. Es ist noch kalt, was mir persönlich lieber ist als Sonne und Hitze. Kurzes Warm-up und Dehnen sowie ein Foto und dann ist es auch schon an der Zeit mich, in die A-Gruppe des Marathons einzureihen. Meine Freunde von zu Hause schicken mir noch eine SMS um mich zu motivieren, die sind die Besten! Mit dabei habe ich nur mein Handy mit der Runtastic App um meine Zeit pro km zu überprüfen. Was für ein Gefühl, man kann die Anspannung der Leute förmlich spüren, die sich wohl über die letzten Monate während der Trainingseinheiten aufgebaut hat. Und da ist schon der Startschuss, es geht los! Yeah, ich kann das Adrenalin spüren, nach dem ersten Anstieg geht es auch schon sofort über die Harbour Bridge, ein Lebenstraum geht schon wieder mal in Erfüllung, strahlend klarer Himmel und der fantastische Ausblick auf die Stadt sind unglaublich. Ich fühle mich topfit, da hat mein kurzfristiger Trainingsplan wohl ausgezeichnet funktioniert.

Die Startlocation des Marathons und der Lauf über die Harbour Bridge

Die ersten 10 km bin ich in 47 Minuten gelaufen, ich wollte ja langsamer starten, aber ich bin so fit, dass ich gar nicht langsamer laufen kann. Ab jetzt versuche ich nur noch den km in fünf Minuten zu laufen, und falls ich am Ende noch topfit sein sollte, kann ich immer noch eine Scheibe zulegen. Mein Ziel den Marathon unter vier Stunden zu laufen kommt immer näher. Der Weg führt durch Darlinghurst zum Centennial Park, wunderschön zum Laufen. Oh mein Gott, bei Durlinghurst stehen Leute nackt an einem Fenster und im Hintergrund läuft laute Musik, da ist wohl etwa noch die Party vom Vortag voll im Gange! Auf jeden Fall feuern sie uns Marathonläufer an, zu lustig. Klappt doch mit der Zeiteinteilung, die nächsten 10 km bin ich in 49 Minuten gelaufen. Ab km 23 kommen mir plötzlich Zweifel auf, bin ich noch in der richtigen Spur?

Der Lauf am Centennial Park

an der 20-km-Grenze vorbei

Plötzlich überhole ich alle, ich kontrolliere die Startnummern der Läufer, müsste eigentlich schon passen. Die einen scheinen müde zu werden, hoffentlich halte ich durch, aber ich fühle mich so fit, dass ich gar nicht daran denke, einzugehen. Ach ist das schön, da muss ich ein paar Fotos machen während des Laufens.

Bis km 30 sind wir wieder zurück in Darlinghurst, die letzten 10 km bin ich ebenfalls in 49 Minuten gelaufen, an den Seiten stehen immer mehr Leute und feuern die Läufer an, was für ein Gefühl! Ich bin noch so fit, dass ich über Bänke springe für die Zuschauer. Nein jetzt muss ich mich aber ein wenig zurückhalten, man sagt ja, dass ein Marathon erst am Ende beginnt, aber das kann ich mir zu diesem Zeitpunkt noch nicht vorstellen. Ab km 37 will ich dann eine Scheibe zulegen. Alle 5 km trinke ich Wasser und ein bisschen Powerade, und seitdem 25ten km gibt es auch noch Gels, aber in der Eile schaffe ich es nicht, auf den Geschmack zu achten! Kaffee, nein, ich trinke keinen Kaffee, warum hatte die Küche bloß heute Morgen geschlossen?! Egal runter mit dem Kaffee Gel. Das Wichtigste habe ich ja bei meinem Lauf von Thredbo nach Jindabyne gelernt, bloß nicht stehen bleiben. Bei km 34 geht es bergab und dann Richtung Darling Harbour, jetzt strahlt die Sonne mit voller Stärke, 27 Grad, kein Schatten, und es geht leicht bergauf. Ab km 37 dann plötzlich der totale Einbruch, jetzt ist er da. Die Leute vor mir kämpfen auch schon mit Krämpfen und fassen sich an den Rücken. Was für ein Kampf, ich schließe die Augen und mache eiskalt weiter. Irgendwann findet alles ein Ende ist mein Motto! Die schmerzvollsten Minuten meines Lebens beginnen. Der Verstand sagt gib auf, aber mein innerer Schweinehund ist nicht zu unterschätzen, ich versuche trotzdem, den einen Kilometer zumindest in 5:30 Minuten zu laufen. Was sich bei einem Marathon in den letzen Kilometern abspielt, ist wirklich einzigartig. Es ist ein Kampf gegen sich selbst, Körper gegen Willenskraft. Bei km 39 denke ich ernsthaft an das Aufgeben. Nein aufgeben kommt nicht infrage, jeder Schritt schmerzt und es geht einfach nicht mehr vorwärts, aber ich mache weiter. Ich will das zu Ende laufen, ich werde nicht aufgeben! Die Leute geben ihr Bestes um uns noch irgendwie ins Ziel zu treiben. Ich bin bereits an der Harbour Bridge vorbeigelaufen und muss nur noch zum Opernhaus rüber. Da klopft mir ein Krokodil auf die Schulter und sagt wir haben es geschafft! Von seinem Enthusiasmus mitgerissen laufen wir zusammen diesen Letzten und schwersten km meines Lebens. Die Arme und Beine beginnen zu kribbeln, es ist so verdammt heiß. Und dann ist das Ziel vor mir, ich will noch sprinten aber meine Beine geben nicht mehr her als einen langsamen Jogging-Lauf. Das Krokodil zieht an mir vorbei und wir laufen hintereinander ins Ziel. Ich habe es geschafft. 3 Stunden und 35 Minuten. Mehr konnte ich mir von meinem Kurztrainingsprogramm nicht erwarten. Aber laut meiner Uhr müsste ich knapp unter 3:30 Stunden gelaufen sein, es zeigt mir 43,7 km an. Da bin ich wohl ein paar Kurven zu viel Gelaufen aufgrund der Trinkstationen.

Mein Handy zeigt mir ebenfalls an, dass ich rund 870 Höhenmeter bergauf und 900 Höhenmeter bergab gemacht habe, kein Wunder bei den vielen Hügeln. Deshalb ist der Marathon auch nicht so schnell. Nach dem Marathon ging ich zu der Verpflegungsstation in den Botanischen Garten und da treffe ich auch schon wieder das Krokodil, ein Engländer, der seit drei Jahren in Australien wohnt und seine Kondition auf den Bananenplantagen an der Ostküste erarbeitet hat. Er ist zum dritten Mal dabei, und diesmal lief er aus Spaß in einem Krokodilkostüm. Sein Name ist Johnny Gordo, ein paar Monate später lief er in Indien einen Ultramarathon, 200 km in 21 Stunden, gratuliere Johnny! Eines Tages werden wir hoffentlich noch einmal zusammen über die Ziellinie sprinten.

Der Zieleinlauf am Opernhaus

Wir sind zufrieden mit unserer Laufzeit und genießen die Sonne in den botanischen Gärten. Nur wie ich wieder aufstehen soll, das weiß ich noch nicht, alles schmerzt.

Am letzten Abend war ich mit meinem Zimmerkollegen noch in dem Hostelpub des Base Hostels in Central, richtig gute Musik und junge Leute, da haben wir noch ein bisschen auf meinen ersten Marathon gefeiert und er hat mir von seiner Reise nach Bangkok, Kuala Lumpur und Singapur erzählt und mich auf den Geschmack gebracht da mal eines Tages selbst hinzureisen.

Ich mit meiner Marathon Medaille

Wie sollte ich meine Reise in Australien organisieren?

Das beste Hostel buchen

In den meisten Orten genügt es, wenn man 3-5 Tage vorher das perfekte Hostel zu einem super Preis bucht. Es gibt aber auch Ausnahmen. In besonders touristischen Orten ist vor allem am Wochenende alles ausgebucht wie Sydney, Noosa, Melbourne oder Cairns, deshalb denkt daran hier schon frühzeitig, zu buchen. Am besten gebt ihr unter Anbieter wie z. B. „www.hostelbookers.com" eure Anreisedaten und den gewünschten Ort ein. Jetzt kommen zahlreiche Angebote von Hostels, die noch frei sind.

- **Tipp 1:** Sucht euch ein Hostel, dass ein gutes Rating bekommen hat. Wenn möglichst viele Gäste das Hostel gut finden, dann kann es nicht so schlecht sein.
- **Tipp 2:** Vergleicht die Preise und die Lage des Hostels, am besten immer nahe am Zentrum gelegen, falls ihr mit dem Bus unterwegs seid.
- **Tipp 3:** Lest euch ein paar Kommentare von Personen zu dem gewünschten Hostel durch, damit ihr auch gut informiert seid über mögliche Unannehmlichkeiten.
- **Tipp 4:** Fragt andere Backpacker, ob sie da schon mal waren und sie euch das Hostel weiterempfehlen würden.
- **Tipp 5:** Wenn man in manchen Hostels öfter übernachtet wie z. B. 10 Nächte in den YHA-Hostels, bekommt ihr eine Mitgliedskarte und könnt dann in über 4000 Hostels auf der ganzen Welt noch günstiger übernachten.
- **Tipp 6:** Wenn ihr euer gewünschtes Hostel gefunden habt, dann kontrolliert noch einmal auf deren Homepage, ob der Preis da vielleicht noch günstiger ist, oder ruft sie direkt an. Manche Anbieter stecken nämlich selbst gerne das Geld in die eigene Tasche.

Den besten Flug buchen

In Australien habe ich persönlich meine Flüge über www.skyscanner.com.au gebucht, damit könnt ihr viel sparen. Bei den Flügen ist es besonders wichtig frühzeitig zu buchen, ich empfehle euch mindestens 1-2 Wochen im Voraus, denn Last Minute kann in Australien gleich schon mal ein paar Euro mehr kosten. Geht bloß nicht in Reisebüros und lasst euch keine völlig überteuerten Flüge andrehen, wie es mir persönlich in Sydney passiert ist. Um ganz sicher zu gehen, dass ihr auch den besten Flug zum besten Preis gebucht habt, könnt ihr den gewünschten Flug dann noch einmal bei anderen Internet Preis-Vergleichs Suchmaschinen überprüfen und am Ende mit gutem Gewissen zuschlagen. Falls ihr einen Kurztrip nach Asien plant, könnt ihr euch auch schon gleich bei Air Asia schlaumachen, günstigere Angebote nach Asien sind schwer zu finden. Die Fluggesellschaft ist mit Ryan-Air in Europa vergleichbar.

Melbourne

Bereits früh morgens geht es mit dem Zug zum internationalen Flughafen Sydneys und Richtung Melbourne mit Virgin Australia, während des Flugs fliegen wir direkt über Thredbo und die Snowy Mountains. Cool, die Landschaft auch mal von oben zu sehen, mit seinen weiten Wäldern des Nationalparks und all den Skipisten. Bereits nach einer Stunde bin ich in Melbourne angekommen. Hier gibt es einen Shuttle Bus vom Flughafen in das Zentrum. Im Zentrum ist auch mein Nomads Hostel, wo ich gleich einchecke. Kaum angekommen muss ich feststellen, dass das Hostel schrecklich ist. Die Toilette ist im oberen Stock, all der Verkehr einschließlich Zug fährt direkt an dem Hostel vorbei, keine abschließbaren Kästen und die Wände sind auch dreckig, während das halbe Hostel gerade umgebaut wird. Das war definitiv das erste und letzte Mal, dass ich etwas in einem Reisebüro gebucht habe. Aber davon lass ich mir die gute Laune nicht verderben. Jetzt wird Melbourne angeschaut, zuerst geht es hoch auf das Eureka Skydeck 88, um mir einen Überblick von der Stadt zu verschaffen. Der Eureka Tower ist das höchste Gebäude in Melbourne.

Nur 5 Minuten Fußweg, von dem Eureka Tower entfernt steht, der Federation Square, wo Leute aus aller Welt jeden Tag zusammentreffen, es finden rund 2000 Veranstaltungen pro Jahr hier statt. Die Flinders Lane, eine der berühmtesten Shopping Straßen Australiens ist auch nur einen Katzensprung von dem Federation Square entfernt.

Der Eureka Tower   *Die Aussicht von der Spitze des Eureka Skydeck 88*

Durch Melbourne fährt eine Gratis-Bahn, die City Circle Tram, die sich eignet und schnell zu den verschiedenen Sehenswürdigkeiten der Stadt gelangt. Ich selbst laufe trotzdem alles zu Fuß ab, außer ich habe nicht genügend Zeit um alles zu sehen.

Das Melbourne Aquarium ist ebenfalls sehenswert, von außen sieht es klein aus aber im Inneren könnt ihr mir glauben ist es riesengroß und es gibt allerlei interessante Tiere zu sehen. Krokodile, Pinguine, Haie, Mantaray Rochen,

Seepferdchen, Baumfrösche verschiedene Schlangen sowie unzählige Fische, die auch mal ein paar 100 Kilogramm auf die Waage bringen. Beeindruckt hat mich das Riesenaquarium mit einem Durchgangstunnel, wo Riesenrochen und Haie direkt über dem Auge des Betrachters kreisen.

Die Pinguine und Fische in dem Aquarium von Melbourne

Great Ocean Road

Am nächsten Tag unternahm ich eine Tour zu den 12 Aposteln entlang der Great Ocean Road, diese Tour ist ein absolutes „Must Do" in Melbourne. Der Bus kam pünktlich um halb 8 Uhr morgens, es dauert ca. eine Stunde von Melbourne, um auf die Great Ocean Road zu gelangen. Hier legten wir einige Stopps an ein paar besonders schönen Stellen dieser außergewöhnlichen Straße direkt am Ozean und an einer Raststätte, wo Koalas auf den Eukalyptusbäumen saßen und zahlreiche Papageien durch die Luft flogen. Nach ca. 250-300 km waren wir angekommen. Die 12 Apostel, ich kann es wieder einmal fast nicht fassen, dass ich jetzt selbst im Campbell National Park vor ihnen stehe, strahlender Sonnenschein aber ein starker Wind pfeift entlang der Küste. Die hohen Wellen peitschen von dem

Die 12 Apostel, unser Hauptziel entlang der Great Ocean Road

Ozean auf die Apostel und entlang des Strandes. Was für ein Naturschauspiel.

Die 12 Apostel sind nicht die einzigen Felsformationen in dem Nationalpark, mindestens genauso schön fand ich auch The Razorback und Loch Ard Gorge, wo man direkt in die Bucht runtergehen kann. Durch das Loch der Felsformation Muttonbird Island peitscht der Sturm den Ozean mit seiner einzigartigen Kraft. Alle Felsformationen liegen dicht beieinander und sind durch verschiedene Wanderwege entlang der Küste miteinander verknüpft. Die Lookouts auf die Felsformationen in dem Nationalpark sind atemberaubend. Falls ihr die Möglichkeit habt und mehrere Leute seid, dann leiht euch doch ein Auto aus, so könnt ihr selbst hinfahren und euch anschauen, was ihr wollt und aussteigen, wo ihr wollt. Das rentiert sich auf der Great Ocean Road ganz bestimmt. Obwohl die Tour auch recht gut war, ist man an manchen Stellen doch ein bisschen unter Zeitdruck und kann nicht alles so genau inspizieren, wie man es vielleicht gerne möchte. Die Great Ocean Road ist auf jeden Fall mein Favorit in der Umgebung von Melbourne.

Die letzten Tage in Melbourne habe ich mich noch in den wunderschönen botanischen Garten Melbournes gelegt. Bin das China Town Viertel abgelaufen und habe einen Spaziergang rund um den See des Albert Park gemacht, wo jedes Jahr das Formel-1-Rennen gefahren wird. Zudem war ich an einem Vormittag im Queen Victoria Markt, der jeden Vormittag geöffnet hat. Während ich am letzten Tag durch Melbourne an dem Federation Square vorbeigelaufen bin, war gerade die Parade für das Football Finale. Abertausende von Leuten jubelten den Spielern zu, die mit ihren Cabrios durch die Stadt gefahren wurden um sich von den Leuten für den Finaleinzug feiern zu lassen. Football und Rugby haben in Australien mindestens den gleichen Stellenwert als Fußball in Europa. Alle Leute waren total aus dem Häuschen und ich konnte über eine Stunde warten, um an das andere Ende der Straße zu gelangen. Wahnsinn! Das MCG Melbourne Cricket Ground Stadion, wo an diesem Wochenende das Finale der Football Pokale ausgespielt wird, ist übrigens auch eine Riesenattraktion Melbournes, das Stadion bietet rund 100.000 Leuten Platz.

Den sportlichen Fußgängern kann ich den Golden Mile Heritage Trail empfehlen. Der Weg führt rund 4 km durch Melbourne, vorbei an allerlei Museen wie dem Kriegsmuseum Shrine of Remembrance und Chinatown mit genialen Aussichten über die Stadt. Er dauert ungefähr zwei Stunden.

Zu dem berühmten St. Kilda Strand Melbournes bin ich leider nicht gefahren, da das Wetter kühl war. Der Strand soll wohl nicht so schön sein, wie die Strände in Sydney berichteten mir einige Backpacker. Die Tour nach Philipp Island, wo es Pinguin-Kolonien in freier Wildbahn zu sehen gibt, habe ich auch ausgelassen, aber ich kann euch von anderen Backpackern berichten, dass es wohl schön dort sein soll. Die Australian-Open finden ebenfalls im Januar in Melbourne statt, falls ihr zu dieser Zeit in Melbourne sein solltet, dann lasst euch die Chance nicht

Die Aussicht auf den Heritage Trail *Das Shrine of Remembrance Museum*

entgehen ein Grand Slam Spiel anzuschauen.

Im Großen und Ganzen hat mir Melbourne gut gefallen, vor allem die Great Ocean Road mit den 12 Aposteln hat sich voll ausgezahlt. Auch für die Stadt selbst kann man ruhig einige Tage einplanen, es gibt viele interessante Sachen zu sehen.

Meine Must Do's in Melbourne
- Royalen botanischen Gärten, zum Chillen und anschauen.
- MCG - Melbourne Cricket Ground Stadion
- Nationale Kunstgalerie
- Golden Mile Track, ideal zum Wandern und Sightseeing der Stadt
- Melbourne Aquarium
- Eureka Skydeck 88 (Aussicht über Melbourne)
- City Circle Tram (um schnell und gratis zu den gewünschten Touristenattraktionen zu gelangen)
- Great Ocean Road (12 Apostel und Nationalpark)
- Philipp Island (Pinguinkolonien)
- Albert Park, Formel 1 Strecke

Konkurrenzkampf zwischen Melbourne und Sydney

Die Einwohner von Melbourne und Sydney lieben es sich gegenseitig zu vergleichen und halten nicht allzu viel voneinander. Ein Bürger von Sydney wird dir sagen, dass Sydney der Hammer ist und Melbourne braucht man sich nicht anschauen. Während der Bürger aus Melbourne das exakte Gegenteil behauptet. Ja die beiden Städte können sich nicht wirklich leiden, jede von Ihnen will besser sein und sie versuchen alles um den Konkurrenzkampf für sich zu entscheiden. Nicht alle wissen, dass Canberra die Hauptstadt von Australien ist, nicht zuletzt wegen des Konkurrenzkampfs zwischen Sydney und Melbourne, die sich nicht auf eine Entscheidung einigen konnten.

Adelaide

Von dem Tullamarine Flughafen in Melbourne ging mein Flug nach Adelaide, die Hauptstadt von South Australia. Während gerade das Finalspiel des Football Pokales im MCG-Stadion Melbournes in vollem Gange war, erblickte ich zum ersten Mal Adelaide aus der Vogelperspektive, eine Riesenstadt, die sich vom Ozean bis weit in das Land erstreckt. Im Sonnenuntergang erschien die Stadt orange schimmernd. Viele Leute haben mir davon abgeraten nach Adelaide zu fahren, da die Stadt langweilig sein soll. Aber ich will die Stadt aus meinem Blickpunkt kennenlernen und werde mich dort mit einer coolen Kollegin treffen, die mit mir in Thredbo gearbeitet hat.

Vom Flughafen fuhr ich mit dem öffentlichen Bus in die Stadt, ca. eine halbe Stunde dauerte die Fahrt. Auf meinem Weg zu dem Hostel liefen mir drei Australierinnen über den Weg, die ganz aufgeregt waren. Sie absolvieren in Kürze ein Speed Date Treffen und waren auf der Suche nach dem richtigen Weg. Mein Hostel lag in derselben Straße. So schloss ich mich ihnen an. Sie erzählten mir, dass es für sie hier wohl nicht so leicht ist, auf dem Land einen geeigneten Lebenspartner zu finden. Am Hostel angekommen musste ich leider schon wieder feststellen, dass das Nomads Hostel hier in Adelaide gleich schlecht war wie in Melbourne und zudem noch am Rande des Parkringes lag, also weit weg von dem Zentrum. In der Küche türmte sich das dreckige Geschirr und mein Zimmer war eine absolute Katastrophe. Nicht einmal das Laken von dem Gast vor mir wurde gewechselt. Der Nachtmanager war auch schon weg und antwortete nicht auf meinen Anruf. Egal, cool bleiben denke ich mir, so etwas wird mir bestimmt nicht noch einmal passieren. Meine Zimmerkollegen sind auch eine totale Katastrophe, mit denen kann man sich nicht einmal unterhalten. Während der eine sturzbetrunken ist und zudem unfreundlich ist der andere in dem Bett neben mir ein totaler Psycho. Er hat sich kurz mit mir unterhalten und anhand seiner laienhaften Psychologiekenntnisse festgestellt, dass ich wohl eine Depression habe, weil ich jetzt nicht mehr arbeite. Er selbst reist nie, ist nur zum Arbeiten hier und wohnt in dem katastrophalen Zimmer bereits seit drei Monaten. Oh mein Gott was für gestörte Leute. Ich glaube eher, dass ich depressiv war wegen der Psychos und dem Zimmer. Das können ja lange Tage werden. Ich werde einfach versuchen, so wenig Zeit wie möglich in dem Hostel zu verbringen. Am nächsten Morgen bin ich auch schon gleich mit dem Fahrrad zu dem 12km entfernten Glenelg Beach gefahren, den bekanntesten Küstenstrand Adelaides. Nach 40 Minuten auf dem Fahrrad kam ich an dem kilometerlangen Sandstrand an. Nicht so gut wie Sydneys Strände aber ich war froh nach Melbourne wieder das Meer zu sehen. Auf der Fahrt fiel mir auf, dass das Stadtzentrum, also alle Gebäude innerhalb des Parkringes relativ klein ist für eine Millionenstadt. Außerhalb des Parkringes stehen nur kilometerweit Häuser, da sich viele Dörfer und Städte vereint haben, also nicht so viel Sehenswertes. Der Radweg zum Strand war aber dafür aber gut, er führte an mehreren Parks vorbei entlang eines kleinen Flusses und durch Wälder bis hin zum Glenelg Strand. Riesige Pelikane versperrten mir mehrmals den Radweg, einige davon waren fast gleich groß wie ich, wie ihr an dem Bild erkennen könnt.

Die Pelikane im Parkring von Adelaide

Während ich auf dem Strand lag, ärgerte ich mich schon ein bisschen darüber, dass ich nach Adelaide gefahren bin, und plante in meinem Unterbewusstsein bereits meine Abreise. Ich konnte mir einfach nicht vorstellen, hier meine kostbare Zeit in Australien totzuschlagen. Nach meiner Recherche am Abend entschied ich mich dazu in zwei Tagen nach Alice Springs zu fahren und dort die Rock-Tour, eine 3-Tages-Tour nach Uluru, Kata Tjuta und dem Kings Canyon zu absolvieren. Meine Kollegin, Fika, die heute ankommen sollte, hat leider ihren Flug verpasst und kommt jetzt doch erst morgen. Ich konnte es kaum erwarten sie zu sehen, die Zeit verging hier in Adelaide irgendwie viel zu langsam. Am Abend habe ich dann doch noch zwei sympathische deutsche Backpackerinnen kennengelernt, sie wollen auch nach Alice Springs fahren und anschließend nach Cairns. Zusammen haben wir uns beraten, wie man da wohl am besten hinkommen könnte. Schlussendlich kamen wir zu dem Entschluss, dass der Greyhound Bus eine der besten Optionen ist. Ich buchte mir dann auch gleich schon die 3 Tage Rock-Tour und den Bus nach Alice Springs mit einem Zwischenstopp in der Opalstadt Coober Pedy. Die Hostels habe ich auch selber gebucht, damit mir weitere Unannehmlichkeiten vom Hals bleiben. Meine Abreise ist also geplant. Jetzt lässt es sich schon besser aushalten in diesem grauenvollen Hostel. Viele Backpacker in dem Hostel sind hier schon seit einigen Monaten irgendwie hängen geblieben. Sie betreiben Roofing in dem Hostel d. h. für das Hostel zu arbeiten, um dafür gratis darin übernachten zu können. Das kann ich absolut nicht verstehen, wie kann man bloß für so eine Unterkunft auch noch mehr als den halben Tag arbeiten und hier seine kostbare Lebenszeit verschwenden, wenn Australien doch so viele schönere Plätze zu bieten hat? Macht das Roofing lieber an einem coolen Ort wie Byron Bay oder Cairns.

Am nächsten Tag kam endlich meine Kollegin Fika, mit einem Tag Verspätung aus Perth angereist. Sie hat sich ein Auto ausgeliehen, um es kostenlos nach Melbourne zu fahren. „Car Relocation" wird das in Australien genannt. Wenn die ausgeliehenen Autos das Ende ihrer Reise erreichen, müssen sie je nach Bedarf wieder zu der Mietwagenfirma zurückgebracht werden. Für die Mietwagenfirmen heißt das „Extra Kosten". Deshalb bieten sie den Dienst an, dass man das Auto innerhalb einer Frist zu dem Mietwagenverleih fahren kann. Von Adelaide nach Melbourne funktioniert das relativ gut, weil viele Leute die Great Ocean Road fahren und ihren Mietwagen in Adelaide abgeben. Es hängt also immer von der jeweiligen Strecke ab. Laut meinen Erfahrungen ist vor allem die Route Uluru nach Melbourne super dafür geeignet. Für das Ausleihen eines Autos braucht man entweder einen internationalen Führerschein oder eine beglaubigte Übersetzung des Führerscheines in englischer Sprache.

Gleich am Morgen sind Fika und ich zu den Adelaide Hills gefahren und haben uns kurzfristig dazu entschieden auf den Mt. Lofty zu wandern. Zu Beginn starten die Stufen neben einem wunderschönen Wasserfall steil nach oben, anschließend führte uns der Weg durch den Regenwald der Adelaide Hills hoch bis zu der Spitze des Mt. Lofty. Kurz

Die Aussichtsplattform über Adelaide von dem Mt. Lofty auf rund 700 Meter Meereshöhe

unterhalb der Aussichtsplattform des Mt. Lofty standen drei riesige Kängurus direkt neben uns auf dem Weg. Die Kängurus sahen uns kurz

Die Kängurus in den Adelaide Hills

an, es schien als würden sie miteinander kommunizieren und sich gezwungen fühlen wegzuspringen, aber ein Känguru hatte keinen Stress. So konnten wir sie noch eine ganze Weile beobachten. Ich hatte zwar schon viele Kängurus in den Snowy Mountains gesehen, aber diese waren besonders groß und muskulös. Am Abend hat uns eine australische Skilehrerin eingeladen ihre Heimatstadt unsicher zu machen, wir besuchten einen Pub, wo eine einheimische Band spielte. Die Skilehrerin wollte uns unbedingt davon überzeugen, dass Adelaide superschön ist. Der Abend war gut und hat meine Beziehung zu Adelaide doch noch im letzten Moment gerettet. Die Beziehung zu einem Ort hängt manchmal halt auch von den richtigen Personen und der Begleitung ab.

Vor der Abreise muss ich sagen, dass Adelaide recht schön ist, aber ein oder zwei Tage reichen vollkommen für diese Stadt aus. Nützt die Zeit lieber für die Great Ocean Road und macht Halt auf Kangaroo Island. Vor ihr dann Richtung Uluru fahrt, könnt ihr immer noch in Adelaide einen Stopp einlegen, dabei die Stadt anschauen und für den Weg nach Uluru alles was nötig ist einkaufen. Adelaide ist ein bisschen billiger als Melbourne und Sydney und je weiter ihr in die Wüste fährt umso teurer werden die Lebensmittel.

Must Do`s Adelaide
- Glenelg Beach, Radtour von dem Parkring bis zu dem Strand
- Adelaide Hills und Mt. Lofty, schön zum Wandern und Aussicht über Adelaide
- Barossa Valley, Weinanbau
- Ausgangspunkt für Kangoroo Island
- Besichtigung der Stadt in dem Zentrum des Parkringes

Next Destination Uluru

Die Busfahrt nach Alice Springs dauert rund 19 Stunden, deshalb habe ich wie bereits erwähnt einen Zwischenstopp in Coober Pedy eingeplant, in Aborigine Sprache auch „kupa piti" genannt, was so viel wie weißer Mann im Loch bedeutet. Nach 11 Stunden Busfahrt sind wir um 05:00 Uhr morgens in der Welt-Hauptstadt der Opale angekommen. Es war kühl in der Wüste um die Uhrzeit. Ein mystischer alter Mann mit langem weißen Bart und Cowboy-Hut nahm uns in Empfang und fuhr uns zu dem Radeka Downunder Hostel. Ich und noch eine Backpackerin waren, die einzigen die in Coober Pedy haltmachten. Der Mann gab uns einen Zettel mit einem Tür-Code und den Plan um die Tür zu finden. Wir benötigten wohl mehr als eine Viertelstunde und machten uns erst einmal bekannt. Ihr Name ist Hanna und sie kommt aus Deutschland. Ach ja, übrigens haben wir die Tür dann doch noch gefunden, unser Zimmer lag unterirdisch inmitten einer Erdhöhle, 6 Meter unter der Erde. Zwischen den Zimmern waren keine vollständigen Mauern und auch die Tür fehlte, das ganze Gebäude war in

Ton-Erde und Fels gemeißelt. Eine Nacht in einem Dugout, so werden die unterirdischen Wohnhöhle in der Wüste Südaustraliens genannt. Die Wohnungen, Häuser, Geschäfte, Cafés, Galerien sind aufgrund der Hitze zu einem großen Teil unterirdisch gebaut. Sie bestehen teilweise aus Überresten der Opalminengänge oder wurden extra dafür angelegt. Vorteil der Erdhügel sind die gleichbleibenden Temperaturen im Inneren der Dugouts. In Häusern an der Erdoberfläche muss mit Klimaanlagen kostspielig gegen die Hitze gekämpft werden.

Was für ein Gefühl in einem Dugout aufzuwachen, ich brauchte am nächsten Tag, bzw. nach einigen Stunden eine Weile um mich erst einmal zurechtzufinden. Hanna und ich machten uns bereit nach Opalen zu suchen. Wir liefen durch die Stadt, mitten im Nirgendwo der Wüste Süd-Australiens. Zuerst gingen wir in ein unterirdisches Didgeridoo Café, wo uns ein Einwohner Coober Pedys mit einem Didgeridoo vorspielte. Kurz darauf betraten wir die berühmteste Opalmine Coober Pedys, die „Old Timers Mine", die im Jahr 1916 erbaut wurde. So riesig war die Mine jetzt nicht, wie der Ticketverkäufer prahlte. Im Vergleich zu den Bergwerken in Südtirol ist die Mine sogar winzig klein, aber dafür haben sie hier wohl richtig große Opale gefunden und viel Geld gescheffelt. In der Mine befindet sich auch ein kleines Museum mit einigen Zeitungsartikeln, Erklärungen und Ausstellungen, was ich recht interessant fand. So kann man die Mine auf eigene Faust erkunden und dabei durchlesen sowie anschauen,

Die Old Timers Mine

was man will. Auf der Informationskarte sind einige Punkte in der Mine gekennzeichnet und es steht ein kurzer Text darunter. Ganz am Ende gibt es dann doch noch eine kleine Führung, bei der ein Blower und eine Bohrmaschine vorgestellt werden: Werkzeug der Mine. Für diejenigen unter euch, die sich einen Opal, Opalkette, Kunstgegenstände kaufen wollen, gibt es hier unzählige Geschäfte in Coober Pedy, sie ist und bleibt nun mal die Hauptstadt der Opale.

In Coober Pedy sah ich zum ersten Mal Indigenous, also die Ureinwohner Australiens. Der Name Aborigenes sollte nicht mehr verwendet werden, da er als abwertend gilt. Sie saßen neben der Straße auf dem Boden bei geschätzten 40 Grad und ohne Schatten. Was mir zudem auffiel, waren Schilder die den Alkoholgenuss verboten. Es ist wohl hauptsächlich für die Eingeborenen, aber auch für Touristen verboten auf den öffentlichen Straßen Alkohol zu konsumieren. Zudem musste ich für ein Bier in dem Bottle-Shop ein zweiseitiges Formular ausfüllen. Es muss also ziemliche Probleme mit dem Alkoholkonsum hier geben.

Nach der Old Timers Mine besuchten wir noch die Josephines Galerie, wo Kunst von den Ureinwohnern ausgestellt und verkauft wird, ebenso wie Didgeridoos, Opale und Steine. An die Galerie ist ein Waisenhaus angebaut, eines für Kängurus, die der Besitzer liebevoll bemuttert. Jeden Tag um 18:00 Uhr kann man die Kängurus beobachten, die irgendwann in die freie Wildbahn entlassen werden. Der Besitzer erzählt euch dazu noch einige interessante Geschichten.

Blick über die Wüste von Coober Pedy

Sonnenuntergang in der Wüste von Coober Pedy

Am Abend schauten Hanna und ich uns noch den Sonnenuntergang in der Wüste an, was einzigartig ist, die Wüste beginnt orange-rot zu schimmern, totenstille, nur das Outback und sonst nichts. Auch die stressigen Fliegen suchen endlich das Weite. In der Wüste sind die Fliegen so nervig, dass sie einen zur Weißglut treiben können, da sie einfach nicht aus dem Gesicht verschwinden wollen.

In dem Hostel traf ich am Abend noch auf ein paar interessante Backpacker. Sie sind schon halb Australien nur per Autostopp abgereist und jetzt wollen sie noch bis nach Darwin und Cairns so weitermachen, um sich Geld zu sparen. Respekt! Hier in der Wüste bei 40 Grad rumzustehen und zu hoffen, dass man innerhalb der nächsten Stunden vielleicht einen „lift", also eine Mitfahrgelegenheit bekommt, braucht eine ordentliche Portion Mumm.

Must Do`s Coober Pedy
- Besuch der Old Timers Mine
- Sonnenuntergang in der Wüste
- Opal / Didgeridoo Shopping in verschiedenen Dugouts – Geschäften

Am nächsten Morgen geht es mit dem Greyhound Bus weiter nach Alice Springs, die Fahrt dauert noch rund sieben Stunden. Die Straße nach Alice Springs geht hunderte von Kilometern geradeaus, auf den Seiten sind nur die unendlichen Weiten und kleinen Sträucher in dem orangen Sand zu sehen, sowie Erdhügel durch den Opalabbau. 200 km im Süden von Alice Springs befindet sich die Abzweigung nach Uluru, wo wir morgen mit der Tour hinfahren werden. Hätte ich ein Auto, so wäre ich auch auf jeden Fall zu dem Rainbow Valley und Henbury gefahren. Die Backpacker gestern hatten davon gesprochen, aber na gut alles kann man nun mal auch nicht anschauen. Bei Henbury gibt es einen der größten Meteoritenkrater der Welt zu sehen, während das Rainbow Valley durch Bodenerosion entstanden ist und seine außergewöhnliche Farbe dem oxidierten Eisen zu verdanken.

In Alice Springs habe ich das Toddy`s Backpacker gebucht, das Hostel ist ok, nichts Außergewöhnliches und ein bisschen außerhalb von dem Stadtzentrum, ca. 25 Minuten zu Fuß. Nachdem ich die Sachen für die Uluru Tour gepackt hatte, ging ich mit Hanna zu dem letzten Einkauf vor der Tour. Um eines vorwegzunehmen, kauft euch einen guten Hut eventuell mit Fliegennetz, Insektenspray und viel Wasser. Die Fliegen sind in der Wüste unglaublich nervig. Hanna war im Annie`s Place Hostel. Ihr Hostel war zwar auch außerhalb aber dennoch besser als meines. Deshalb bucht lieber das Annie`s Place. Leider hatten wir nicht genügend Zeit um uns den berühmten Desert Park in Alice Springs anzuschauen, aber dafür gingen wir noch auf den Anzac Hill Lookout. Man sieht von dem Aussichtspunkt über die gesamte Stadt und die Landschaft von Alice Springs.

Kleiner Zwischenstopp in Kulgera auf dem Weg nach Alice Springs

Indigenous in Alice Springs
Bei meinem Weg zurück ins Hostel machte ich auch in Alice Springs leider keine gute Erfahrung mit den Ureinwohnern Australiens. Am Anfang sah ich eine Gruppe unterhalb des Anzac Hills in dem Gebüsch auf dem Boden sitzen, total betrunken und überall lagen ihre hochprozentigen Alkoholflaschen herum. Auf dem Weg nach Hause konnte ich beobachten, wie zwei Polizisten einen Eingeborenen gewaltsam auf eine Bank setzten und zu ihm sagten er solle die Leute in Ruhe lassen. Ein Indigenous kam mir jammernd entgegen: „Warum tut ihr uns das an?" auf seinem Hut war der Slogan: „Stop the Violence" und zahlreiche Indigenous waren einfach nur sturzbetrunken entlang der Straßen zu finden. Doch wie kann das sein? So las ich doch im Internet vor meiner Abreise, dass die Eingeborenen gut in die Gesellschaft integriert seien und mittlerweile in jeder Berufsgruppe zu finden sind. Auf der Rock-Tour klärte mich eine australische Sozialbetreuerin darüber auf, dass dies bei dem Großteil der Bevölkerung wohl leider immer noch nicht so ist und sie auch für die Zukunft einige Probleme auf die Eingeborenen zukommen sieht. Zudem fragte sie mich, ob ich verrückt sei, am Abend alleine durch Alice Springs zu gehen. Es sei viel zu gefährlich und

Sonnenuntergang am Anzac Hill Lookout von Alice Springs

erst vor ein paar Wochen soll eine Frau getötet worden sein. Ich habe schon von einigen Australiern schlimme Geschichten über die Eingeborenen gehört. Von Raubüberfällen, übermäßigem Alkoholkonsum, bis hin zu Gewaltverbrechen war alles Mögliche dabei. In den Schulen Australiens soll auch gelehrt werden, dass die Eingeborenen Alkohol trinken und sich gegenseitig verprügeln. Aber ich halte nichts von Vorurteilen und bilde mir lieber meine eigene Meinung.

The Rock Tour – Uluru
Am nächsten Morgen ist es soweit! Die Rock Tour startet, all mein Gepäck lass ich in dem Gepäckraum des Hostels und nehme nur einen kleinen Rucksack mit. Unser Busfahrer, zugleich unser Tourguide, sein Name ist Matt, er ist circa 30 Jahre

alt und ein typischer Australier aus Melbourne, scheint ein cooler Typ zu sein.

Auf der Busfahrt nach Uluru sollten wir uns erst einmal alle vorstellen. Das heißt, nach vorne gehen und zehn seiner vorgegebenen Fragen zu beantworten. Unter anderem wann hattest du deine letzte Affäre und was war das peinlichste, was dir bisher in deinem Leben passiert ist. Na gut! Ein Australier älteren Kalibers meldet sich freiwillig und geht als Erster nach vorne.

Plötzlich ein Moment, den kein Mensch dieser Tour jemals wieder vergessen wird. Der Mann erzählt, dass er reich sei und sein gewohntes Leben lebte, als ihm plötzlich in den 80er Jahren Jesus Christus erschien und ihm in seiner Erscheinung befahl, was er zu tun hat. Alle Leute im Bus sehen sich fragend an und wissen nicht, wie sie mit der Situation umgehen sollten, lachen oder weinen, weglaufen oder ihn um Rat bitten. Während diese Gedanken in den Köpfen der Tour-Mitglieder kreisen predigt der alte Mann aus Queensland eiskalt seine lebensverändernden Visionen. Vor all den Leuten labert er, und es scheint mir als würde er versuchen uns zu bekehren.

Inzwischen kann der Tourguide der vor ihm sitzt das Lachen fast nicht mehr halten, er schwankt zwischen Lachen und Weinen und sagt, dass jener doch bitte auf die Fragen antworten soll und weniger Predigen. Dennoch, auch während er die anderen Fragen versucht zu beantworten weicht er immer wieder ab und predigt seine Visionen mit voller Überzeugung. Viel Zeit vergeht. Am Ende haben wir das Vorstellen nach drei Personen auf Eis gelegt, zu lustig. Matt animiert die Leute ordentlich Bier und Cider zu kaufen bei dem letzten Bottle-Shop vor Uluru. Er meint wir werden das unbedingt brauchen und sollen gefälligst ordentlich einkaufen. Das Franzosen Pärchen neben mir hat die Kaufliste bereits ordentlich in

Die ersten Eindrücke von Ayers Rock bei dem Rundgang

die Höhe gekurbelt, während die Asiaten in der Gruppe eher konservativ an die Sache herangehen. Nach dem Bottle-Shop hieß es Holz suchen für das Lagerfeuer. Wir stiegen mitten in der Wüste aus und schleppten Dutzende dicke Äste und Baumstämme zu dem Tourbus. Voll Dreck und verschwitzt kamen wir später in unserem Campingplatz an. Kurz nach dem Holz abladen fuhren wir direkt zu dem Ayers Rock, wo wir das Visitor Centre besuchten. Es war verdammt heiß für den Frühling mit rund 42 Grad im Schatten.

Ayers Rock besteht aus Sandstein und Konglomerat, er ist rund 350 Meter hoch. Was viele jedoch nicht wissen, er ist der zweitgrößte Stein der Erde und ragt Schätzungen zu Folge 6 km in den Boden. Für die Indigenous des Anangu Stammes ist dieser Ort eine heilige Stätte und die Eingeborenen bitten deshalb darum, den Stein nicht zu erklimmen. Aufgrund des Massentourismus ist es jedoch nach wie vor erlaubt, den Ayers Rock zu besteigen. Bisher fanden 35 Personen bei der Besteigung den Tod und der Stamm der Anangu fällt jedes Mal in tiefe Trauer, wenn ein Menschenleben auf ihrem Heiligen Berg in den Tod stürzt. Unser Tourguide meint, dass sie sich dann dafür verantwortlich fühlen Unheil über die Familie des Opfers gebracht zu haben, da es ja ihre Heilige Stätte ist. Mythen zu Folge bringen auch Mitbringsel wie kleine Gesteine des Ayers Rock Unheil. In dem Cultural Centre sind Briefe von Touristen aus aller Welt ausgestellt, die über ihr Unglück berichten und die Mitbringsel persönlich zurück zu den Anangu

Eine der steilen Wände des Ayers Rock

Eine Höhle entlang des Base Walks

Stamm brachten und Abbitte taten. Anfangs wollte auch ich unbedingt auf den Ayers Rock steigen, aber nach der Führung und Aufklärung habe ich mich dagegen entschieden. Der Hauptgrund war der Respekt vor den Ureinwohnern des Anangu Stammes und weniger die Angst vor Unheil.

Nach dem Cultural Visitor Centre bestritten wir den Base walk, entlang des Ayers Rock. Es war brütend heiß und ein spanisches Ehepaar in den Flitterwochen musste schon frühzeitig umkehren, da die Hitze ihren Kreislauf ins Wanken brachte. Dennoch kann ich euch den Wanderweg nur empfehlen. Von jeder Seite sieht der Ayers Rock anders aus. Was mich beeindruckt hat, ist, dass er wirklich hoch ist und so steil und glatt, also einfach so hochklettern wäre an den meisten Stellen für Amateure unmöglich.

Nach rund 2 Stunden hatten wir den Base Walk absolviert und fuhren mit dem Bus zu dem Sunset Carpark, wo wir alle zusammen unser Abendessen vorbereiteten. Ein wunderschöner Platz mit super Aussicht auf den Ayers Rock, bei Sonnenuntergang, Wahnsinn! Der Ayers Rock wechselt bei Sonnenuntergang alle 10 Minuten die Farbe. Während er im Sonnenlicht noch braun erscheint, wird er später orange, Hellrot bis Dunkelrot und am Ende dunkelbraun.

Sonnenuntergang am Sunset Carpark mit Blick auf Uluru

Nach dem Abendessen stiegen wir in den Bus ein und Matt drehte vor all den anderen Touristen die Musik voll auf, drückte aufs Gas und schliff ein paar Kreise in den Parkplatz. Das war noch lange nicht Alles. Er war so in der Musik vertieft, dass er aufstand und auf den Knien den Bus zurückrutschte, wie ein Fußballspieler der gerade das entscheidende Tor geschossen hat und dann wieder zurück ans Lenkrad lief. Die Polizistin in unserer Gruppe interessierte ihn dabei nicht viel. Der Mensch machte die Tour wirklich zu etwas ganz Besonderem. Was für eine Lebenslust und Freiheit ohne jede Sorge er ausstrahlte. Zurück in Yulara bei unserem Campingplatz angekommen machen wir unseren Schlafsack bereit, wir werden direkt im Freien, mitten in der Wüste unter dem unglaublichen Sternenhimmel schlafen. Ein Kreis rund um den Schlafsack mit Salz gefüllt soll uns vor Spinnen schützen, sowie der Duft des Urins rund um unser Zeltlager vor den Dingos wie uns unser Guide erzählt. Am Lagerfeuer machen wir noch ein lustiges Trinkspiel und erzählen uns Geschichten, recht interessant, wenn so viele Lebensgeschichten von Personen aus verschiedenen Kulturen aufeinandertreffen. Eine Französin aus der Gruppe, ihr Name ist Clothilde erzählte uns von ihrer Reise. Sie war bereits in England, New York, am Grand Canyon, Los Angeles, beinahe jedes Land in Südamerika, Hawaii, Vietnam, Kambodscha, Laos, Thailand, Singapur, Fiji und jetzt Australien. Wenn man ihr zuhörte, bekam man richtig Lust die ganze Welt abzureisen. Sie will auch noch lange nicht zurück nach Hause und meinte, dass jedes einzelne Land auf seine Weise schön und etwas ganz Besonderes ist. Spät am Abend liegen wir schließlich unter dem Sternenhimmel und sehen noch unzählige Sternschnuppen bevor wir langsam einschlafen.

Aufstehen! Wir haben nur 10 Minuten Zeit um all unsere Sachen zu packen und in den Bus zu springen. Was für eine Hektik, niemand weiß wie spät es ist mitten in der Nacht. Wir fahren zum Dune Lookout, rund 30 km von dem Campingplatz entfernt und bereiten dort unser Frühstück vor. Es ist immer noch stockdunkel und die Sternschnuppen fliegen im Minutentakt über uns hinweg. Wir waren gut eine Stunde vor den ersten Touristen da und sicherten uns den besten Platz auf dem Lookout mit super Frühstück. Als die ers-

Der Sonnenaufgang am Uluru

ten Lichtstrahlen erschienen wurde mir erst klar, wo wir uns genau befinden.

Blick auf das Kata Tjuta Gebirge

Links von uns erkennt man das Kata Tjuta Gebirge mit den Olgas und die Sonne geht direkt vor uns neben dem Ayers Rock auf. Unser Tourguide ist stolz auf sich und meint, dass er noch nie so früh da gewesen ist. Kein Wunder, er hat uns auch schon um 03:00 Uhr morgens aufgeweckt!

Nach dem fantastischen Sonnenaufgang fuhren wir zu Kata Tjuta, ein Gebirge, auch die Olgas genannt. Es besteht aus 36 Bergen und gehört zu dem Uluru-Kata Tjuta Nationalpark. Hier absolvierten wir den Valley of the Winds Track, der mitten durch das Gebirge führt. Da wir so früh da waren, konnten wir den Track problemlos absolvieren, er dauerte rund vier Stunden und ist der Hammer. Wie wir später erst erfahren haben, wurde der Track kurz nach uns bereits geschlossen, da die Temperatur über 36 Grad anstieg. Am Ende waren es wieder 43 Grad, als wir den Bus erreichten, was für eine Hitze. Nehmt euch genügend Wasser mit, da das gefilterte Wasser an der einzigen Trinkstation nicht besonders gut schmeckt und lauwarm ist. Der Weg führte uns durch einige Täler und Schluchten mitten durch die Olgas. Einige Aussichtspunkte sind unbeschreiblich schön, dafür müssten erst einmal neue Wörter erfunden werden, um dies zum Ausdruck bringen zu können.

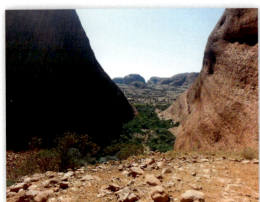 

Die Olgas bei dem Valley of the Wind Track

Nach der Wanderung fuhren wir mit dem Bus zu unserem letzten Reiseziel dieser Tour, dem Watarrka-Nationalpark, wo sich der Kings Canyon befindet, den wir morgen durchqueren. Die Busfahrt dauerte einige Stunden. Auf dem Weg hielten wir an einem riesigen Salzsee, um eine kurze Pause zu machen. Während wir den Farbkontrast zwischen der dunkelorange-farbenen Wüste und dem Salzsee bewunderten, versuchte der Prophet in unserer Gruppe abseits noch einmal Kontakt mit Jesus Christus herzustellen. Der Abend war wieder total super, unser Tourguide zeigte uns, wie man Bierbrot backt, wir grillten am Lagerfeuer und chillten in unseren letzten gemeinsamen Abend hinein.

Am nächsten Morgen fuhren wir zum Kings Canyon, wo wir den Kings Canyon Rim Walk bestritten. Er dauerte drei Stunden und führte uns nach

Eine Klippe oberhalb des Garden of Eden

Eine der unzähligen Felsformationen entlang der Wanderung

einem steilen Anstieg über einen felsigen Grund bis hin zu den über 100 Meter hohen Klippen und Spalten des Canyons. In der Mitte des Weges durchquerten wir den Garden of Eden, der wie eine Oase inmitten des Canyons liegt. Dabei werden das ganze Regenwasser und die Feuchtigkeit von dem Sandstein wie ein Schwamm aufgesogen und formt in dem Garden of Eden eine wunderschöne Oase. Zahlreichen Tieren dient diese Oase als Trinkquelle. Der Kings Canyon besteht aus zwei Sandsteinarten. Der Mereenie Sandstein liegt oben und ist wasserdurchlässig. Der Carmichael Sandstein liegt unten. Dazwischen liegt eine Schicht aus Ton, die wasserundurchlässig ist. Deshalb sammelt sich das Wasser in dem Garden of Eden an, obwohl es zu dieser Jahreszeit nicht regnet.

Fast am Ende der Wanderung kamen wir zu den besten Lookouts des Kings Canyon, hier konnten wir direkt an den hohen Klippen entlangwandern. Die Asiaten aus unserer Gruppe wollten besonders spektakuläre Fotos schießen und schienen teilweise die Gefahr zu unterschätzen. Bis Matt zu ihnen sagte, dass sie doch bitte ein bisschen auf sich aufpassen sollten, weil er keine Lust hat, das lange Todesformular auszufüllen. Einige Felsformationen sehen aus wie ein riesiger Dom und im Gesamtbild wie eine Stadt aus Fels. Die Felsformationen entstanden durch die Erosion des Gesteines.

Die Klippen des Kings Canyon im Watarrka-Nationalpark

Nach der Rückfahrt machten wir am Abend noch eine Abschiedsparty in Alice Springs, wir hatten jede Menge Spaß auf der Tour, und wenn ihr nicht alleine mit dem Auto durch die Wüste fahrt, dann kann ich euch die Rock-Tour-Uluru von ganzem Herzen empfehlen. Natürlich war unser Tourguide Matt auch für viel Spaß mitverantwortlich, deshalb fragt doch einfach mal nach, ob er noch die Rock-Tour leitet, und macht den Trip mit ihm. Diese Natur mit eigenen Augen zu sehen ist wirklich einzigartig.

Darwin

Da viele meiner Skifahrer bei den Privatstunden immer wieder behauptet haben, dass Darwin sich komplett von dem Rest Australiens in den Bereichen Mentalität und Lifestyle unterscheidet, wollte ich es mir natürlich nicht entgehen lassen diesen einzigartigen Lifestyle zu erleben. Meine Reise ging also mit dem Greyhound Bus ganz in den Norden Australiens. September/Oktober soll ein idealer Zeitpunkt sein, um nach Darwin zu reisen, da erst ab November die Regenzeit beginnt.

Falls ihr mehrere Leute seid, kann ich euch nur empfehlen mit dem Auto nach Darwin zu fahren, auf dem Weg von Alice Springs nach Darwin gibt es interessante Sachen zu sehen, wie z. B. die Devils Marbles (riesige Granitsteine, die schön balanciert übereinander stehen) sie befinden sich bei Tennant Creek (fünft größte Stadt des Northern Territory). Weiter im Norden befindet sich der Nitmiluk Nationalpark, hier wurde der Sandstein durch den Katherine River so verformt, dass es möglich ist, mit dem Kanu durch die Schluchten von Katherine zu paddeln. Eine Freundin von mir hat mir berichtet, dass es ihr wirklich gut gefallen hat und die Bilder waren wunderschön.

Bevor man Darwin erreicht, könnte man auch noch einen Stopp in dem Litchfield Nationalpark einlegen. Ich persönlich bin von Darwin mit einer Tour zu dem Litchfield Nationalpark gefahren. Früh morgens wurde ich von meinem Hostel abgeholt. Kaum das Hostel verlassen, fiel mir auf, dass viele Leute hier wohl enorm schlimme Drogen nehmen müssen. So lief ein Mann durch die Straßen, stoppte fahrende Autos, wollte in die fremden Autos einsteigen und schlug gegen die Autos, bis ihn schlussendlich die Polizei festnahm.

Naja mit einer halben Stunde Verspätung wurde ich doch noch von dem Tourguide abgeholt. Die Leute in unserer Gruppe waren eigentlich alle sympathisch und gut drauf. Der Tourguide begann sofort wie ein Lexikon zu reden und das, was aus seinem Mund kam, fand ich interessant. So erzählte er uns zu allererst ein bisschen über die Geschichte Darwins, der Hauptstadt des Northern Territory. In den Jahren 1897, 1937 und 1974 wurde die Stadt durch schlimme Zyklone fast vollständig zerstört und wieder aufgebaut. Zudem wurde Darwin am 19. Februar 1942 von 188 japanischen Flugzeugen bombardiert und schwer getroffen, 292

Menschen fanden hierbei den Tod. Pearl Harbour wurde zehn Wochen zuvor von denselben japanischen Flugzeugen attackiert. Bis Ende 1943 wurde die Region Darwin von 62 weiteren Flugangriffen der Japaner erschüttert.

Während wir die Informationen in unser Gehirn aufsaugten, verwandelte sich die wüstenartige Landschaft mit rot orangen Sand so langsam in grüne Wiesen und die ersten Büffel standen vor unserem Tourbus. Nicht weit entfernt machten wir unseren ersten Stopp des Tages bei dem Adelaide River. Wir konnten sofort auf das Jumping Crocodile Cruise steigen. Die Bootsführerin informierte uns, dass sich in dem dunkelbraun gefärbten Fluss direkt unter unserem Boot an die 15.000 Salzwasserkrokodile befinden. Erst vor zwei Wochen soll ein Fischer bei dem Versuch seine Angel einzuholen durch ein Krokodil von dem Boot gerissen worden sein. Also heute bleiben meine Hände ganz sicher innerhalb des Bootes! Gut 20 Sekunden nachdem wir den Motor gestartet haben konnte ich bereits den ersten Krokodilrücken erkennen. Er schwamm direkt auf meine Seite des Bootes zu und da schaute das Krokodil mit seinem Kopf direkt zu mir hoch, unglaublich, wie groß die Krokodile sind. Die Bootsführerin meinte, dass die männlichen Krokodile hier in diesem Fluss bis zu 6 Meter groß und einer Tonne schwer werden können, meistens sind jedoch nur weibliche Krokodile zu sehen mit einer Länge von 3-4 Metern. Falls sie ihre Beute erwischen brechen sie einem durch die Todesrollen, bei denen sie sich um die eigene Achse rollen alle Knochen und danach verschlingen sie nur einen Teil des Körpers, der Rest wird irgendwo unter Wasser versteckt. Die Bootsführerin berichtete uns auch, dass vor allem die Backpacker von den tödlichen Krokodilattacken hier in Australien betroffen sind. Letzte Woche, so meinte sie, habe eine Gruppe von deutschen Backpackerinnen in einem krokodilbesetzten Fluss des Northern Territory gebadet.. Die Mädchen hätten wohl gedacht, in Süßwasserflüssen seien keine Salzwasserkrokodile. „Fast tödlicher Schwachsinn!" Ihr Überleben sei wohl riesiges Glück gewesen. Auch an den Ufern der Flüsse und am Strand des Meeres ist Vorsicht geboten. Die Krokodile sind schnell und verstecken sich ganz nahe am Ufer, bei einem Angriff hat man also nicht gerade die besten Karten, deshalb sollte immer ein Sicherheitsabstand von 6 Metern zu dem Wasser eingehalten werden. Die Krokodile sind nicht die einzigen Tiere im Meer, giftige Seeschlangen, weiße Haie, Würfelquallen und Rochen sind ebenfalls lebensgefährlich. Deshalb würde ich euch ganz einfach empfehlen komplett auf das Meer zu verzichten und auch bei den Flüssen und Seen sich gut zu informieren.

Da springt auch schon das erste Salzwasserkrokodil aus dem Fluss um sich die Beute (ein Fleischstück) zu sichern. Was für eine Kraft die Tiere haben, einfach nur phänomenal. Die Krokodile sprangen gut drei Meter hoch, sodass ihr gesamter Körper sich in der Luft befindet, nur noch das Schwanzende hält Kontakt mit dem Wasser, wie ihr in dem Bild auf der nächsten Seite erkennen könnt. Wie gut, dass ich meinen Arm schön hinter dem Boot gelassen habe. Ich schätze mal, wenn man in das Wasser fallen würde, dann hätte man noch gut 10-15 Sekunden zu leben und keine Chance. Eines der größten Reptilien der Welt in Natur und Echtzeit zu beobachten, das dürft ihr in Australien auf keinen Fall verpassen.

In der Trockenzeit (Mai bis September) werden die Seen der wichtigsten Badeorte auf die Präsenz von Salzwasserkrokodilen überprüft. In der Regenzeit können die Tiere jedoch so gut wie überall hingelangen und selbst in Gärten, Swimmingpools, Seen, Teichen sowie weiten Teilen des Landesinneren eindringen. Natürlich kann man sich auch in der Trockenzeit nie zu 100 Prozent sicher sein, dass sich nicht doch ein Salzwasserkrokodil in so manchen Seen befindet, aber durch den sinkenden Wasserspiegel gelangen die Tiere natürlich nicht zu abgeschlossenen Bereichen von Flüssen und Seen, wie es in der Regenzeit der Fall ist.

Die springenden Salzwasserkrokodile des Adelaide Rivers

Nach der genialen Bootstour fuhren wir mit dem Bus zu den Wangi Falls in dem Litchfield Nationalpark, dabei handelt es sich um einen wunderschönen Wasserfall, der am Fuße des Wasserfalls einen wunderschönen Badeteich bildet, ringsum umgeben von Regenwald. Das Wasser stürzt hier rund 50 Meter in die Tiefe. Bevor wir den Wasserfall erreicht haben, gab uns eine Einheimische noch

Die Wangi Falls im Litchfield Nationalpark

eine Führung und einen Einblick über die Höhlenmalereien, die von ihren Vorfahren stammen und in dem ganzen Gebiet zu finden sind. In dem Wasser sind natürlich auch Süßwasserkrokodile, aber da es ein beliebter Badeort ist und sich so viele Leute im Wasser befanden sind wir „hemmungslos" ins Wasser gesprungen und Richtung Wasserfall geschwommen. Das Wasser ist richtig erfrischend und das Panorama ringsum ist einfach der Hammer, ein echtes Paradies. An dem Wasserfall kletterte ich erst ein Stück den Felsen hoch und fand einen kleinen Pool mitten im Felsen, mit Wasser gefüllt. Während der Wasserfall neben uns in die Tiefe stürzt, kann man von dem natürlich geformten Pool aus das atemberaubende 360-Grad-Panorama genießen, einfach der Hammer.

Nach der Erfrischung im Badeteich machten wir noch den Rundwanderweg um die Wangi Falls durch den Regenwald. Weil unser nächstes Reiseziel, die Florence Falls (ein riesiger großer Wasserfall) und das Buley Rockhole (50 naturgeformte Pools mit 25 Grad warmem Wasser, wie ein SPA) durch ein großflächiges Buschfeuer an diesem Tag nicht erreichbar waren. Dafür sahen wir auf der Wanderung viele exotische Vögel sowie Riesenfledermäuse und auch einige Schlangen kreuzten unseren Weg.

Tolmer Falls

Am Ende des Tages machten wir noch Halt an den Tolmer Falls, diese sind nur gut 100 Meter von dem Parkplatz aus über den Abgrund einer Schlucht zu bestaunen, wie ihr in dem Foto rechts erkennen könnt. Auch hier bietet sich ein schönes 360-Grad-Panorama, da man sich auf einer Erhebung befindet und über weite Teile des Nationalparks sehen kann. In der Schlucht und dem See der Tolmer Falls ist das Schwimmen jedoch verboten, da sich darin Salzwasserkrokodile befinden. Aber die Aussicht ist es auf jeden Fall wert, einen Stopp einzulegen.

Den allerletzten Stopp der Tour bildeten die Magnetic Termite Mounds. Riesige Termitenhügel, bis zu 5 Meter hoch, gebaut

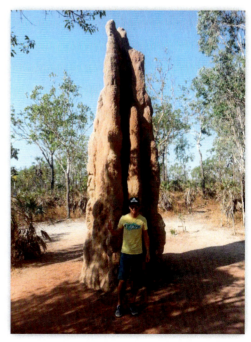

Die riesigen Kathedral-Termitenhügel im Litchfield Park

von 5 mm großen Termiten, unfassbar. Die Termitenhügel sind robust und können Buschfeuern und Überschwemmungen standhalten. Ganz nebenbei geben sie anderen Tieren wie z. B. Schlangen oder Goannas bei Buschfeuern Schutz und eine Überlebenschance. Zu guter Letzt standen wir vor einer riesigen Wiese, voll von riesigen Kathedral-Termitenhügeln, im Hintergrund die riesigen Wolken von dem Buschfeuer, ein einzigartiger Anblick. Die Bauweise von den Termitenhügeln und die Ausrichtung nach Norden sind übrigens nur hier in Australien zu sehen, also lasst euch den Litchfield Nationalpark auf keinen Fall entgehen.

Darwin Stadt
In der Stadt Darwin sollte man auf jeden Fall 1-2 Tage einplanen. Die Stadt ist mit rund 120.000 Einwohnern aus mehr als 60 verschiedenen Nationen nicht allzu groß und interessant. Als Unterkunft habe ich das YHA-Hostel gebucht, es hat einen Swimmingpool und ist im Großen und Ganzen eigentlich ganz ok und gut zentral gelegen. Natürlich sind die Preise in Darwin teuer, aber wenn man bedenkt, wie abgelegen diese Stadt liegt, ist dies auch verständlich.

Meinen ersten Tag habe ich dazu genutzt, die wichtigsten Attraktionen von Darwin zu besichtigen. Anfangs ging ich zu dem Bicentennial Park, ein idealer Park zum Relaxen, Frühstück essen, laufen, mit einem super Blick auf das Meer umgeben von Palmen und Gummibäumen. Auch am Abend ist es wunderschön, den Sonnenuntergang zu beobachten. Ein Kriegsdenkmal ist im Park auch anzutreffen sowie Informationstafeln über die Geschichte der Ureinwohner und der ersten Besiedelung. Von dem Bicentennial Park gelangt man über eine Treppe Richtung Meer, wo ein Touristenweg entlang des Strandes führt. Bereits nach 5 Minuten konnte ich von hier einen Delphin und einen riesigen Mantaray Rochen beobachten. Da es in Darwin nicht möglich ist in dem Meer zu baden, haben sich die Einwohner an der Darwin Waterfront eine künstliche Lagune mit Strand und ein Wellenbad erbaut.

Das Wellenbad *Darwin Waterfront mit der Lagune*

Ein idealer Ort um den Tag richtig zu genießen und sich eine kleine Erfrischung zu genehmigen. Die Temperaturen sind ja tagsüber mit 34 Grad im Schatten. Am Abend ist mit tropischen 25 Grad zu rechnen.

Am späten Nachmittag trafen noch zwei Skilehrerinnen in Darwin ein und wir trafen uns zum Abendessen auf der Stokes Hill Wharf. Diese Werft ist in nur 5 Minuten Fußweg über eine Brücke von der Darwin Waterfront zu erreichen. Genau hier fielen 1942 die ersten Bomben der Japaner auf Darwin. Ein Denkmal an der Werft erinnert an den grausamen Angriff. Die Werft selbst ist super, man sitzt mit Blick auf das Meer und den Sonnenuntergang und es werden jede Menge exotische Speisen angeboten wie z. B. Krokodil, Känguru, Kamel, Baramundi Fisch und viele mehr. Ein super Platz, um in den Abend zu starten.

Am Abend ist in Darwin viel los. Viele Backpacker sowie Einwohner genießen ihren Feierabend und lassen es richtig krachen. Neben der Lagune befinden sich einige Pubs, vor allem ist aber die Mitchell Straße zu empfehlen.

Jeden Donnerstag und Sonntag findet der Mindil Beach Sunset Market auf dem Strand von Mindil statt. Wir waren am nächsten Tag bereits einige Stunden vor dem Nachtmarkt auf dem berühmten Strand. In das Wasser habe ich mich allerdings nicht getraut, auch wenn sich ein paar wagemutige Leute in das Meer gestürzt haben. Der Strand ist wunderschön und lädt regelrecht zum Baden ein bei der Hitze. Aber durch die ganzen gefährlichen Tiere konnte mich niemand in das Wasser bringen.

Die Stokes Hill Wharf und Sonnenuntergang beim Abendessen auf der Werft

Mindil Beach

Am Abend ging eigentlich alles richtig schnell. Innerhalb von zwei Stunden waren die Stände aufgebaut und Abertausende Leute strömten zu dem Nachtmarkt. Auf dem Markt ist so alles anzutreffen, Künstler lieferten z. B. eine Feuershow, während man auf dem Strand den Sonnenuntergang beobachten kann. Hunderte von Shops verkaufen neue Erfindungen und Wundersalben, Kartenleser sagen die Zukunft voraus, Musiker lassen ihre Kunst hören, Astronomen laden ein die Planeten zu beobachten, Essstände bieten Essen aus allen möglichen Ländern an, sogar aus Sri Lanka, Griechenland oder Brasilien. Ich finde diesen Nachtmarkt wunderbar, da Darwin so abgelegen ist, dass dieses Prinzip richtig funktioniert. Als wäre man auf einem Markt im Mittelalter, wo echte Wundersachen aus allen möglichen exotischen Ländern präsentiert werden, zudem die tropische Gegend und der Strand mit dem Sonnenuntergang. Den Nachtmarkt kann ich euch empfehlen.

Mindil Beach Sunset Market

Weitere coole Aktivitäten in Darwin
- The Museum and Art Gallery (super Kunst der Ureinwohner sowie verschiedene Tiere und Geschichte über die Stadt gibt es hier zu bestaunen)
- Spaziergang auf dem weißen Casuarina Beach
- Rundgang im Botanischen Garten von George Brown Darwin
- Charles Darwin Nationalpark, mit den Aussichten von den fantastischen Lookouts

Darwin hat mir wirklich gut gefallen, eine multikulturelle Stadt, nicht all zu groß, Leute aus aller Welt, viele Eingeborene, eine Stadt der Geschichte. Die Mentalität der Leute ist wirklich ein bisschen anders als in den restlichen Teilen Australiens, man findet viele Aussteiger oder Leute die hier versuchen dem Alltag zu entfliehen oder noch einmal von ganz vorne zu starten. Auch viele Backpacker sind hier anzutreffen, es gibt hier auch jede Menge Arbeitsmöglichkeiten, bei der sich als Backpacker ein gutes Reisegeld verdienen lässt wie z. B. bei Fruitpicken, Kellnern, Perlenfarmen (Paspaley), Küchenhilfe.

Den Kakadu Nationalpark solltet ihr euch auf keinen Fall entgehen lassen und auch hier 2-3 Tage einplanen, leider konnte ich mir den Nationalpark nicht anschauen, da ich krank wurde und meine restliche Zeit bis Cairns nur im Bett lag. Es gibt jede Menge zu sehen und zu erkunden hier im Norden Australiens, deshalb lasst euch diesen Teil Australiens auf keinen Fall entgehen. Auch ein

Kurztrip nach Bali wäre von Darwin ausgehend eine geniale Option für einen Abstecher nach Asien.

Wo geht die Reise hin? Cairns und die Ostküste runter bis Sydney!

Als ich wieder gesund war, stand bereits mein Flug nach Cairns auf dem Programm. Von Darwin nach Cairns fiel mir einmal mehr auf, dass Australien zum Großteil aus Wüste besteht. Tausende km einfach nur Wüste, Salzseen und eine gerade Straße sonst konnte man nichts erkennen. Kurz vor dem Anflug auf Cairns tauchte dann plötzlich der Regenwald unter mir auf. Ein Paradies! In den Strahlen des letzten Sonnenlichtes flogen wir über den Regenwald auf die Landebahn von Cairns ein, jetzt bin ich also in den Tropen gelandet!

Mit dem Shuttle Bus ging es direkt vom Flughafen zu dem Hostel. Ein kanadi-

Der Anflug auf Cairns

Der Flug über die unendliche Wüste Australiens

scher Skilehrer gab mir den Tipp das Gilligans Hostel zu buchen, das angesagteste Partyhostel von Cairns. Er hat mir nicht zu viel versprochen, das Hostel ist der absolute Kracher. Ein super Swimmingpool, ein Biergarten, jeden Tag Partys ohne Ende, junge Leute mit guter Laune und ansprechende Zimmer. Ihr könnt es unter www.gilligans.com.au buchen.

Cairns gilt als die Backpacker Stadt Australiens, fast jeden zieht es hierher. Die Stadt selbst ist nicht zu groß und man findet schnell die Orientierung. Es gibt an jeder Ecke einen Reiseveranstalter für die zahlreichen Touren und Aktivitäten wie Skydive, Bungee-Jumping, Regenwald Touren, Ausflüge zu dem Great Barrier Reef (schnorcheln oder tauchen) und vieles mehr. Einen direkt begehbaren Strand gibt es in Cairns allerdings nicht, dafür viele Warnschilder vor Krokodilen und Box Jellyfish. Jedes Jahr sterben in Australien einige Leute, weil sie Warnschilder missachten. Wer rechnet schon damit, dass man im Meer von Krokodilen attackiert wird. Die Krokodile wechseln manchmal den Fluss und schwimmen deshalb kurz durch das Meer. Da es in Cairns keinen direkten Strand gibt, hat die Stadt die berühmte Lagoon gebaut. Eine Oase mit weißem Sand und glasklarem Wasser an der Esplanade, damit die Leute bei der Hitze doch noch zu ihrer wohlverdienten Abkühlung kommen. Die Lagoon befindet sich an der Esplanade neben dem Hafen und grenzt direkt an das Meer an.

Während zu Hause im Oktober der erste Schnee fiel, genoss ich die tropische

Die Lagoon von Cairns

Die Küste von Palm Cove

Hitze bei rund 34 Grad in Queensland. Der erste Tag in Cairns war toll, mit joggen rund um die Stadt und gekrönt mit einem Sprung in die Lagune, Sightseeing von dem Hafen und der Innenstadt sowie einer Party in dem Gilligans am Abend.

Am nächsten Tag stand eine Regenwald-Tour auf dem Programm, die ich am Abend zuvor in der Stadt gebucht habe. Leider ein Griff ins Klo! Bereits beim Start wird mir klar, dass dies nicht das Abenteuer werden wird, das ich erwartet habe. Meine Vorstellung war eher mich mit einer Machete durch den Regenwald zu kämpfen und von den gefährlichsten Tieren attackiert zu werden, als Mädchen in Flip Flops vorzufinden. Naja, das ist meine Regenwald Erfahrung komme, was wolle. Die Tour ging mit dem Bus zuerst über einen Pass, ein super Lookout über die Berge und den Regenwald konnte meine Stimmung wieder heben. Danach fuhren wir zu dem Lake Tinaroo und dem Cathedral Fig Tree ein riesiger Baum im Regenwald, auf dem wir

Der Cathedral Fig Tree

hochkletterten und ein paar Fotos machten. Der Weg zum Baum führt kurz durch den Regenwald und ist mit einem Holzweg ausgestattet. Als plötzlich vor meiner Nase eine der giftigsten Schlangen der Welt ganz gemütlich meinen Weg kreuzt, verspüre ich zum ersten Mal ein bisschen Adrenalin auf der Tour. Die Schlange ist schwarz und der Tour-Führer hat sie wohl schon einige Male hier gesichtet, da er sie als seinen Freund bezeichnet. Später fuhren wir noch zu dem Millaa Millaa Wasserfall, ein beliebter Drehort für Haar Shampoo Werbespots. Mit ein paar anderen aus unserer Gruppe schwammen wir unter dem Wasserfall hindurch und

Millaa Millaa Wasserfall

setzten uns hinter der Wasserwand auf die Felsen, ein Gefühl absoluter Natur. Das Wasser war saukalt für die Tropen, eine super Abkühlung! Am Ende fuhren wir noch zu dem Josephine-Wasserfall, den ich euch auch weiterempfehlen kann.

Am Ende der Tour kann ich euch sagen, dass die Tour zwar recht lustig war, aber ich bin trotzdem kein Fan davon. Leiht euch lieber ein Auto aus und fahrt die Wasserfälle auf eigene Faust ab. In Cairns habe ich noch einen Riesenfehler gemacht und bin nicht zu dem Cape Tribulation gefahren, um mir den Daintree Forest anzuschauen. Viele Backpacker haben im Süden noch davon geschwärmt, Cairns ist der Ausgangspunkt, um nach Cape Tribulation zu fahren. Fahrt lieber dahin und macht eine echte Regenwaldtour oder fahrt hoch bis Cooktown und plant von dort aus ein echtes Abenteuer. Die Touren in Cairns sind eher etwas für Warmduscher und reine Abzocke. An diesem Tag habe ich beschlossen, dass ich in Zukunft nur noch Touren buchen werde, wo man alleine ohne Auto wirklich nicht hinkommt. Falls ihr zum Great Barrier Reef fahren wollt, dann macht das direkt von Cairns aus. Je weiter ihr nach Süden fahrt umso weiter ist das Riff von der Küste entfernt und umso teurer wird der Spaß.

An meinem letzten Tag in Cairns bin ich noch mit dem öffentlichen Bus nach Palm Cove gefahren, ca. eine halbe Stunde Busfahrt von Cairns entfernt. Ein schöner Strand, wo man eventuell mit einem gewissen Risiko verbunden in das Wasser springen kann. Ich habe es riskiert und überlebt. Eine Wasserbrücke führt hier direkt in das Meer und der Ausblick auf die umgebenden kleinen Inseln und das Festland ist unvergesslich.

Must Do's Cairns
- Party hard Gilligans Hostel und in der Stadt
- Esplanade mit der Lagoon (schwimmen und relaxen)
- Palm Cove Strand (mit dem Bus erreichbar)
- Ausgangspunkt zum Cape Tribulation
- Great Barrier Reef Tour (schnorcheln oder tauchen)

Die Reise bis nach Sydney habe ich in Cairns bei Indie Travel gebucht, hier könnt ihr richtig feilschen und sie geben euch eine Menge extra Touren und Hostel Coupons gratis dazu. Vergleicht die Preise mit Angeboten von anderen Anbietern, damit könnt ihr eine Menge Geld sparen. Da sich in Cairns so viele Reisebüros befinden, sind die Preise ganz okay.

Ich habe mich entschieden, mit dem Greyhound Bus bis nach Sydney zu reisen. Man kann an nahezu allen größeren Orten und touristischen Attraktionen aussteigen und wieder einsteigen. Die Busse verkehren mehrmals täglich. Der Premier Bus wäre die zweite Option, dieser fährt einmal pro Tag mit dem gleichen Angebot und ist um einiges günstiger. Als ich das Ticket gekauft habe, kannte ich den leider noch nicht, ansonsten hätte ich mich für den Premier Bus entschieden. Es reicht einen Tag vorher die nächste Busfahrt online zu buchen und los geht's. Mein erster Stop ist Townsville, um nach Magnetic Island zu fahren. In den Hostels werden oft Mitfahrgelegenheiten angeboten, um gemeinsam Geld zu sparen. Wenn ihr mehr Leute seid, kann es sich auch lohnen einen Camper zu mieten oder ein Auto zu kaufen. Ich spare mir meinen Roadtrip noch für Neuseeland auf.

Townsville - Magnetic Island
Mit dem Greyhound Bus geht es um Mitternacht nach Townsville. Auf dem Weg zu der Bushaltestelle in Cairns wird mir noch einmal klar, wie heiß und schwül es hier auch am Abend ist, fast nicht zum Aushalten. Die Busfahrt dauerte rund sechs Stunden und ich konnte gut schlafen. Andere wiederum konnten kein Auge zumachen und starteten gereizt und müde in den Tag. Der Bus hält direkt am Hafen von Townsville, von wo am Morgen die Fähre nach Magnetic Island startet. Eine Stunde später sind wir auch schon auf dem Boot. Die Überfahrt mit der Fähre bei klarem blauem Himmel war wunderschön.

Von dem Hafen auf Magnetic Island fährt ein öffentlicher Bus zu den Hostels, also keine Sorge! Ich war hier zwei Tage in dem Base Hostel. Vor allem bei

Abfahrt mit der Fähre von Townsville

Die Ankunft auf Magnetic Island

Vollmond ist dieses Hostel zu empfehlen, da es dann immer Vollmondpartys gibt. Das Hostel ist super, liegt direkt am Strand und die Zimmer bestehen aus Strandbungalows. In den zwei Tagen, die ich hier verbrachte, machte ich einmal den Forts Walk. Dieser ist leicht mit dem öffentlichen Bus von dem Hostel aus zu erreichen. Entlang des Wanderweges, der zu einer der höchsten Erhebungen der Insel führt, sind noch immer die Flugabwehrlafetten und ähnliche Infrastruktur, die im 2. Weltkrieg Townsville schützen sollten. Auf dem Wanderweg gibt es zahlreiche Lookouts und auf der Spitze des Berges kann man die ganze Insel in einem 360-Grad-Panorama beobachten.

Den Strand im Bild links habe ich natürlich sofort im Auge behalten und

Lookout auf einen von vielen Traumstränden

Der Traumstrand unter dem Forts Walk

wanderte zu dem Fort Walk hin, „a magnificent Mile", ein echter Traumstrand, mit ringsum riesigen Steinen und einem kleinen Korallenriff! Auf die Felsbrocken am Strand musste ich natürlich sofort hinauf. Ich frage mich, wie diese „geilen" Gebilde entstanden sind, als ich sehe, dass ein Rabe und ein Possum sich um meinen Rucksack streiten, der am anderen Ende des Strandes liegt. Da ich ihn nicht geschlossen hatte, naschten sie von Brot und Zahnpasta. Die Possums sind übrigens rechts zutraulich. Der Koala hing in einem Eukalyptusbaum neben dem Weg des Forts Walk. Auf Magnetic Island gibt es in den Trockenwäldern zahlreiche Eukalyptusbäume, ein idealer Lebensraum für die größte Koala Population, mit ca. 2500 Tieren auf freier Wildbahn.

Am nächsten Tag war erst einmal schnorcheln angesagt, in meinem Stinger Suit (Quallenschutzanzug) zum Schutz vor den tödlichen Quallen schnorchelte ich mit ein paar Backpackern von dem Hostel ausgehend am Strand entlang. Das Wasser war warm und entlang der Felsen waren ein paar schöne Korallenriffe zu erkunden. Nach einigen 100 Metern kam uns ein nackter Mann entgegen. Da sind wir wohl etwa auf einem FKK-Strand gelandet. Er klärte uns darüber auf, wo wir schnorcheln sollten und wo Haie das ausschlossen. Nachdem ich einen Rochen direkt neben meinen Füßen bemerkt habe, entschied ich mich dazu doch lieber das Wasser zu verlassen und zu Fuß zurück zu dem Hostel zu wandern.

Am Abend wanderte ich noch zu der Picnic Bay und ging von dort aus den Wanderweg hoch bis zu dem Lookout, auch hier gibt es ein 360-Grad-Panorama rund um die Insel zu bestaunen. Es ist die Mühe auf jeden Fall wert!

Eines der hungrigen Possums am Strand

Koalas entlang des Forts Walk

Townsville

Nach der zweitägigen Magnetic Island Tour kehrte ich zurück nach Townsville, hier war für mich war erst einmal warten angesagt. Meine Freundin hat ihre Arbeit auf einer Pferderange an der Westküste beendet und fliegt jetzt von Perth nach Cairns, so trifft sie mich in ein paar Tagen in Townsville. Wohl die längsten Tage meiner Reise. In Townsville gibt es wirklich nicht viel Sehenswertes außer den Castle Hill Lookout auf dem berühmten Mount Stuart. Von dem Lookout sieht man über die gesamte Stadt, weit in das Landesinnere und mit Blick Richtung Ozean kann man Magnetic Island bewundern. Für die Backpacker unter euch, in Townsville habe ich viele Backpacker angetroffen, die hier leicht eine Arbeit im Servicebereich gefunden haben. Die Bezahlung in Townsville soll auch recht angemessen sein.

Meine Zimmerkollegin in Townsville war auch lustig. Sie war gerade nach einer 80-tägigen Segelschifftour von Papua-Neuguinea in Townsville gestrandet. Vor drei Jahren verließ sie Schottland, führt seitdem eine Art Matrosenleben und segelt mit verschiedenen Leuten um die Welt. Was für eine Lebenseinstellung!

Castle Hill Lookout mit Blick auf den Ozean und Magnetic Island   Der Blick auf das Landesinnere und Townsville

Airlie Beach Whitsunday Islands

Von Townsville geht die Reise problemlos mit dem Greyhound Bus nach Airlie Beach. Dem Ausgangspunkt für die dreitägige Whitsunday Island Segeltour. Meine Freundin ist jetzt auch von Perth eingetroffen und wir werden den Rest der Reise gemeinsam bestreiten. Die Nacht in Airlie Beach verbrachten wir in dem Magnums Hostel, da wir hier den Coupon von Indie Travel hatten. In dem Hostel ist eine super Stimmung und die Zimmer sind in Holzhäusern zwischen einer Landschaft aus Regenwald eingebettet, einfach oberaffengeil! Das Gepäck können wir während der Tour wieder im Hostel abstellen. Früh morgens starten wir am nächsten Tag mit dem Shuttle Bus zu dem Hafen, wo uns die Bootsführer aus Kanada bereits erwarten. Wir haben uns für ein Segelschiff in mittlerer Größe entschieden mit 15 Passagieren. Man könnte auch auf ein Partyboot mit 40 Personen oder ein teureres Boot mit weniger Personen die Tour bestreiten. Je mehr Leute auf dem Boot sind, desto weniger kostet der Spaß. Am ersten Tag segelten wir einige Stunden auf dem Ozean, um die ersten der rund 74 Pfingstsonntagsinseln zu erreichen. Nur 17 Inseln sind bewohnt, die meisten Inseln sind also total naturbelassen und gehören zu dem Nationalpark der Whitsunday Islands. Während der Fahrt konnten wir uns gemütlich auf dem Deck sonnen und manchmal auch für kurze Zeit das Steuer selbst in die Hand nehmen. Der erste Eindruck auf der Segelfahrt ist phänomenal, die Inseln sind wunderschön und das Meer ist der Hammer. Während der Fahrt konnten wir Delfine beobachten, und als wir bei Sonnenuntergang den Anker legten, gesellte sich auch eine Riesenschildkröte zu unserem Boot.

Die Nacht in dem Boot war besser als ich mir das vorgestellt habe. Das Abendessen machten wir auf dem Deck, während die letzten Sonnenstrahlen auf unser

Stopp am ersten Abend in den Whitsunday Islands   *Die Riesenschildkröte*

Boot schienen. Danach erzählten wir uns gegenseitig einige Geschichten und machten ein paar Spiele, während die Delfine um unser Boot sprangen. Das Schiff war am Abend ruhig, und obwohl die Kojen nicht gerade groß waren konnte, ich gut schlafen, ganz im Gegensatz zu einer deutschen Backpackerin. Sie irrte wohl die ganze Nacht auf dem Segelschiff herum und konnte kein Auge schließen, da eine Frau neben ihrer Koje laut geschnarcht haben soll.

Der nächste Tag war einer der schönsten meiner Reise. Auf dem Segelschiff zu erwachen und dann auf das Deck zu steigen bei strahlendem Sonnenschein und den Whitsundays Inseln vor Augen ist unbezahlbar. Wir steuerten den Whitehaven Beach an, weiße Kakadus kreisen um die Insel. Die gesamte Insel besteht aus Nationalpark. Nach einem 15-minütigen Weg durch die Regenwälder

Blick auf den Strand des Whitehaven Beach

des Nationalparks kamen wir an einem der weißesten Strände der Welt an. Er erstreckt sich über rund 8 km entlang der Insel. Das Wasser ist glasklar und der

Sand mit einem Quarzgehalt von 99 % total weiß.

Nach einem Bad in dem wunderschönen Wasser des Whitehaven Beach und einem Spaziergang entlang des Traumstrandes wanderten wir noch zu dem Tongue Point Lookout, hoch auf dem Hügel des Nationalparks. Ein traumhafter Ausblick, das Paradies auf Erden, mehr gibt es dazu nicht zu sagen.

Blick von dem Tongue Point Lookout auf den Nationalpark und Whitehaven Beach

Als wir nach dem Ausflug wieder von unserem Segelschiff auf der anderen Seite der Insel abgeholt wurden, steuerten wir zwei weitere Inseln der Whitsundays an. Auf diesen befinden sich die schönsten Korallenriffe der Pfingstsonntagsinseln. Wir hatten hier jede Menge Zeit zum Schnorcheln und chillten danach langsam auf dem Deck des Bootes in den Abend hinein. Am letzten Tag konnten wir wiederum an einigen Korallenriffen schnorcheln gehen. Das Schnorcheln macht absolut süchtig, man kann gar nicht mehr genug von den unbeschreiblichen Farben der Korallenriffe und unzähligen Fischarten bekommen. Während wir am Ende des Tages wieder zurück Richtung Airlie Beach segelten, sprangen wir alle zusammen noch einmal mitten in den Ozean. Unser Bootsmann erklärte, dass die Korallenriffe bei Vollmond ein Sekret absondern, das dann wie ein bunter Teppich auf dem Wasser schwimmt.

Eine Segeltour zu den Whitsundays Inseln sollte auf jedem Ostküste-Reiseplan ganz fett unterstrichen werden, ich würde sie jederzeit wieder machen, einfach traumhaft.

Great Barrier Reef

Zurück im Magnums Hostel angekommen und total enthusiastisch von dem Segelabenteuer entschieden wir uns am nächsten Tag noch eine Tagestour zu dem Great Barrier Reef zu buchen. Airlie Beach ist eine der letzten Ausgangsstationen um das Great Barrier Reef zu erreichen. Mit einem Speedboot und einigen Hundert Leuten an Bord fuhren wir also am nächsten Tag zu dem rund 50 km entfernten Great Barrier Reef, vorbei an den Whitsunday Inseln, die wir die letzten Tage abgesegelt hatten. Auf dem Deck in der ersten Reihe könnte man meinen, dass die Landschaft wie im Kino an einem vorbeizieht. Es ist schon faszinierend, wenn plötzlich im tiefen Ozean das strahlend blaue Great Barrier Reef zum Vorschein kommt. Endlich sind wir da, ich habe schon so viel von dem Naturwunder gelesen. Neben dem Schiff steht eine Plattform, wo wir uns das Schnorchelmaterial ausleihen können und rund 3-4 Stunden Zeit zum Schnorcheln zur Verfügung haben. Das Riff selbst liegt nur rund 2 Meter unter der Wasseroberfläche. Wenn man hier ins Wasser eintaucht, fühlt man sich, als würde man eine ganz neue Welt betreten. Die unzähligen Farben und Fische, Nemos, Regenbogenfische und Riffhaie zu

Great Barrier Reef

sehen ist ein absoluter Traum. Ganz besonders interessant fand ich es entlang der Riffkante zu schwimmen, am Ende der Kante geht es senkrecht hinab in die Tiefen des Ozeans, als würde man an einer Felsenklippe entlang schwimmen. Da die Korallen pro Jahr nur ein paar Millimeter wachsen, kann man sich nur schwer vorstellen, wie lange es wohl gedauert hat, bis dieses Weltwunder hier entstanden ist.

Unterwasserwelt aus der Beobachtungskammer

Nach dem Schnorcheln konnten wir auf dem Deck mit Blick auf das Great Barrier Reef unser Mittagessen genießen. Auf der Plattform ist es auch möglich, die Unterwasserwelt in einer Beobachtungskammer aus Glas zu beobachten. Zum Schluss fuhren wir noch mit einer Art U-Boot Schiff entlang der Riffkante, wobei auch hier die Wände aus Glas bestanden. So konnten wir auch hier noch einmal das Riff aus nächster Nähe beobachten.

Die Tagestour zu dem Great Barrier Reef war wunderschön und ich kann auch diese voll weiterempfehlen.

Hervey Bay – Fraser Island
Unser nächster Reisestopp führte uns nach Hervey Bay, wir entschieden uns dazu hier das YHA-Hostel zu buchen. Die Angestellten waren superfreundlich, haben uns direkt vom Greyhound Bus Stopp abgeholt und am Ende auch wieder hingefahren. Das Hostel liegt nahe an dem wunderschönen Hafen und hat uns gut gefallen. Eigentlich wollten wir die Insel Fraser Island auslassen, da wir bereits so viele wunderschöne Inseln abgefahren sind. Die Frau an der Rezeption des Hostels hat es aber doch irgendwie geschafft uns davon zu überzeugen, eine Tagestour nach Fraser Island zu buchen. Es handelt sich hierbei um die größte Sandinsel der Welt und sie gehört zu dem UNESCO-Weltnaturerbe. Als wir am nächsten Tag mit der Fähre auf der Insel ankamen, stiegen wir sofort in unseren 50 Sitzer-Allroad Tourbus und mussten uns erst mal alle samt den Sicherheitsgurt anschnallen. Am Anfang habe ich noch darüber gescherzt, aber bereits nach den ersten Metern wäre ich ein paar Sitze nach vorne geflogen hätte ich den Gurt nicht angeschnallt. Die Straßen bestehen aus Sand und je nachdem wie lange der letzte Regenschauer zurückliegt, sind auch die Fahrverhältnisse der Straßen schwierig. Der Busfahrer hat Eier aus Stahl, während er mit dem Bus Vollgas durch die Löcher springt erzählt er uns die Geschichte der Insel. Seit 40.000 Jahren soll die Insel bereits von Indigenous bewohnt sein und den Namen K`gari tragen, was so viel wie Paradies bedeutet. Archäologische Funde bestätigen die Anwesenheit der Ureinwohner seit mindestens 5500 Jahren. James Cook hat die Insel im Jahr 1770 als erster Europäer angesteuert. Den Namen Fraser Island trägt die größte Sandinsel der Welt, da Kapitän Fraser, seine Ehefrau und die Besatzungsmitglieder im Jahr 1836 nach einem Schiffsbruch auf der Insel gestrandet sind. Ihr Schiff soll wohl auf dem Great Barrier Reef auf Grund gelaufen und gesunken sein. Mit den Rettungsbooten wurde Fraser Island daraufhin nach gut einem Monat angesteuert. Die Frau des Kapitäns, Elisa Fraser, wurde von den Ureinwohnern gefangen genommen und gebar auf der Insel ihr Kind, das kurz darauf starb. Inzwischen sind wir mit dem Bus durch den Regenwald gefahren und haben an dem Besucherzentrum haltgemacht. Hier sind noch einmal die Geschichte der Insel und wichtige Informationen über die Vegetation und Tierwelt der Insel auf großen Informationstafeln kurz zusammengefasst.

Die Bäume des Nationalparks

Ein großer Teil der Insel gehört zu dem

Great Sandy Nationalpark. Fraser Island ist die einzige Sandinsel der Welt, auf der eine Vegetation mit Regenwald entstanden ist. Auf der Insel sind auch zahlreiche Süßwasserseen, der berühmteste ist der Lake Mc Kenzie, ein wunderschöner großer glasklarer See inmitten der Sandinsel. Der Sand ist weiß und rund um den See liegt der Nationalpark mit den wundervollen Bäumen und Sträuchern des Regenwaldes

Der Mc Kenzie Süßwasser Badesee

Auf der Insel gibt es Dingos, ähnlich unseren Schäferhunden. Dingos kamen spätestens vor ≥ 3500 Jahren mit asiatischen Seefahrern, die die Hunde als Nahrungsvorrat nutzten, nach Australien. Zwischen August und Oktober kann man vor der Insel Buckelwale sichten. Der Strand gilt wegen zahlreicher Haie als einer der gefährlichsten Strände weltweit. Auch Seekühe, Delfine und Riesenschildkröten können auf den Stränden gesichtet werden. Kängurus, Wallabys und Schnabeligel können hingegen auf der Sandinsel gesichtet werden, ebenso wie einige der giftigsten Schlangen der Welt. Fraser Island ist also eine perfekte Insel für ein echtes Australienabenteuer.

Als wir den Strand der Ostküste der Insel erreichen, fahren wir rund 70 km am Strand entlang. Der Strand ist sozusagen der Highway der Insel. Im Moment ist er

Das Schiffswrack der S.S Maheno, breit, da gerade Ebbe ist. Es ist schon der absolute Wahnsinn direkt am Strand entlangzufahren und die windgepeitschten Wogen zu beobachten. Wir müssen auch viele Flussmündungen umfahren. Wir machen Halt an dem Schiffswrack der S.S. Maheno. Das Schiff lief 1935 bei einem für die Jahreszeit untypischen Zyklon auf Grund und liegt noch auf dem Inselstrand.

Kurz danach machten wir Halt an den Pinnacles, einer gefärbten Felsformation aus Sand, die Farben der Pinnacles sind braun, orangegelb und liegen direkt neben dem Strand. Sie entstanden durch Erosion. Auf dem Bild rechts ist ersichtlich, dass wohl ein aggressiver Dingo

Eine gefärbte Felsformation aus Sand

rund um die Pinnacles sein Unwesen treibt.

Am Ende der Tour muss ich eingestehen, dass mir Fraser Island gut gefallen hat, vor allem die Geschichte der Insel und die unglaubliche Vegetation die hier auf Sand entstanden ist macht die Insel einzigartig, die Fauna nicht zu vergessen. Die Sandstraßen und der Highway entlang der Ostküste sorgen für ausreichend Action. Falls ihr ein Abenteuer plant, dann macht doch einfach eine dreitägige Tour auf der Insel, bei der ihr selbst mit einem Allrad-Mietwagen durch die Sandinsel cruisen könnt.

Zwischen Hervey Bay und Brisbane liegt Noosa, da genau zu unserer Abreise von Hervey Bay in Noosa alles ausgebucht war, entschieden wir uns direkt nach Brisbane zu fahren. Noosa soll jedoch schön sein, eine Kollegin von mir machte dort eine Kanu-Tour und war begeistert. Der Nationalpark soll wunderschön sein. Bucht also schon einige Zeit im Voraus, wenn ihr in Noosa einen Stopp plant.

Brisbane

Einige meiner Skikollegen aus Thredbo bezeichnen Brisbane auch als Bris Vegas und können sich keine bessere Stadt zum Leben vorstellen. Die drittgrößten Stadt Australiens liegt zwar nicht direkt an einem Strand wie z. B. Sydney, aber berühmte Urlaubsziele wie die Sunshine Coast oder die Gold Coast mit Surfers Paradise und Byron Bay sind nicht weit entfernt.

Der Philosoph Alain de Botton kürte Brisbane 2014 zu einer der hässlichsten Städte der Welt. Vor allem das chaotische Verkehrssystem und die Hochhäuser entlang der Wasserpromenade sollen dafür verantwortlich sein. Laut meiner Meinung liegt der Philosoph komplett daneben. Nach einer dreistündigen Busfahrt kamen wir im Zentrum der Hauptstadt von Queensland an. Das Stadtzentrum gefiel uns schon gut, alles liegt nah beieinander, Geschäfte zum Shoppen und Supermärkte sind nicht weit entfernt. Die Queen Street Mall ist die schönste Shopping Straße und liegt direkt im Herzen von Brisbane. Als wir gerade in einem

Blick auf die Skyline bei Sonnenuntergang

Einkaufszentrum entlang der Mall waren und ich auf dem Weg zur Toilette war, hörte ich in der Menschenmenge eine Stimme: „Patrick", rufen. Ich achtete nicht wirklich darauf, wer will mich denn da schon kennen? Als ich mich trotzdem umdrehte, konnte ich es nicht fassen. Der südkoreanische Skilehrer stand da und hat mich unter all den Tausenden von Menschen zufällig erkannt. Die Backpacker von der Ostküste sieht man immer mal wieder, da ja alle beinahe dieselben Reiseziele haben, aber dass ich genau Dae Keun über den Weg laufe ist beinahe so, wie ein Treffen auf dem Mond. Natürlich machten wir kurz ein Foto und schickten es unseren Arbeitskollegen, bevor uns unserer Wege wieder trennten. Direkt darauf gingen wir zu Fuß über die Brücke des Brisbane River. Auf der Gegenseite der Skyline beobachteten wir den Sonnenuntergang und gingen entlang des Brisbaneflusses auf dem Fußgängerweg zu den Southland Parklands. Der Weg entlang des Ufers eignet sich super zum Joggen und Radfahren. Ein Riesenrad und eine Lagoon liegen entlang des Weges mit Blick auf die Skyline Bisbanes, wunderschön. Zum

Das Riesenrad in den Southland Parklands

Abendessen und shoppen sind die Lokale und Geschäfte rund um die Southland Parklands ebenfalls zu empfehlen.

Am Brisbane River bieten viele Bootsunternehmen Sightseeing Touren entlang des Flusses an.

Ein Wasseragam *Der Blick über Brisbane aus dem botanischen Garten*

Am nächsten Morgen fuhren wir zu der Moreton Bay, ein super Lookout von dem Mt-Coot-Tha mit Blick auf die Stadt und die Skyline hat uns hier erwartet.
Am Nachmittag wanderten wir durch die botanischen Gärten Brisbanes, wo

uns zahlreiche Wasseragame über den Weg liefen. Am Ende der Gärten überquerten wir eine wunderschöne Fußgängerbrücke über den Brisbaneriver und gingen entlang des Wanderweges neben dem Fluss hoch bis zu der Story Bridge. Sie sieht ähnlich aus wie die Harbour Bridge in Sydney und kann wie diese gegen eine Gebühr bestiegen werden. Zahlreiche Lookouts und auch Kletterrouten sind auf dem Weg anzutreffen. Klettern scheint in Brisbane eine angesagte Freizeitaktivität zu sein.

Wer von euch kunstinteressiert ist, könnte in Southbank das Kunstmuseum und das Museum der modernen Kunst besichtigen, auch das Queensland Museum liegt hier.

Blick von der Story Bridge

Brisbane hat mir im Großen und Ganzen gut gefallen, 2-3 Tage könnt ihr für die Hauptstadt Queenslands durchaus einplanen.

Must Do's Brisbane
- Besuch des Stadtzentrums mit der Queen Street Mall (Sightseeing)
- Southland Parklands (Riesenrad, Lagoon, Kunstmuseum, Queensland Museum)
- Wanderung durch den Botanischen Garten und der Story Bridge
- Fahrt zu der Moreton Bay – Lookout Mt. Coot-Tha (über die Stadt Brisbane)

Surfers Paradise
Unser nächster Stopp führt uns in die berühmteste Surf-Stadt Australiens an die Goldküste von Queensland. Surfers Paradise wird auch als das Miami Australiens bezeichnet. Nach rund einer Stunde Busfahrt von Brisbane sind wir in der Partystadt Australiens angekommen. Nachdem wir unser Gepäck in das Budds in Surfers Hostel abgestellt hatten, liefen wir direkt zu dem Strand. Riesige Wolkenkratzer türmen sich entlang des Strandes. Super Sand, Strand sowie glasklares Wasser, der Strand reicht in beide Richtungen,

Die Party-Hummer

soweit meine Augen sehen können und es scheint, als wäre der Strand überall super. Ich war zwar noch nicht in Miami aber so hätte ich mir die Stadt vorgestellt.

Wie ihr im Bild schon erkennen könnt, scheint die Anreise zu den Partys in Surfers Paradise recht stilvoll zu sein. Gleich am Strand werden wir auch schon von einer Frau angesprochen, die uns eine Partytour für den Abend verkaufen will. Das Angebot war gut, Eintritt

Der Strand von Surfers Paradise

in sechs Lokale mit Freigetränken für nur 20 Euro. Da haben wir gleich zugeschlagen. Sie erklärte uns, dass ab nächster Woche hier in Surfers das Spring Break Australiens beginnt, es werden also Tausende Abiturienten die Stadt in eine Partystadt verwandeln, um den bestandenen Schulabschluss zu feiern. Wir schreiben übrigens gerade den 2. November 2013. Voller Vorfreude auf den Partyabend sprangen wir erst einmal ins Meer und chillten den Nachmittag auf dem super Strand. Während am Vormittag auf dem ganzen Strand die Sonne scheint, kann man sich am Nachmittag ein schattiges Plätzchen unter den Schatten der Hochhäuser suchen.

Bevor wir uns für den Abend bereit machten, gingen wir noch durch das Stadtzentrum, auch als die Mall bezeichnet, sie ist rund 500 Meter lang. Direkt am Strand ist der Haupteingang mit dem Surfers Paradise Schriftzug. Die Mall ist

Die Kleidung von James Brown

Blick von dem Hardrock Café in Surfers Paradise

belebt, Tausende Touristen liefen durch das Zentrum. Sie besteht aus zahlreichen Surfshops, Cafés, Fast Food Restaurants, Abendlokale, Souvenirshops und vielen Möglichkeiten zum Shoppen mit internationalen Marken. Im Hardrock Café, das sich am Ende der Mall befindet, legten wir einen kurzen Boxenstopp ein.

Zurück im Budds in Surfers Hostel angekommen, das übrigens 4-sterneverdächtig ist, machten wir uns bereit für den Abend. Eine Partygemeinschaft von rund 100 Personen zog mit uns um die Häuser. Der Abend war echt überragend, nach einer kurzen Bowling Partie zogen wir zu verschiedenen Pubs, ein Lokal, das früher wohl zum Rotlicht Milieu gehörte und schlussendlich in zwei gute Clubs, in denen hemmungslos Party gemacht wurde. Die Lokale und Clubs befinden sich in der Cavill und Orchid Avenue sowie entlang der Esplanade. Die Backpacker aus aller Welt und Australier feiern ohne Hemmungen und haben jede Menge Spaß. Vor allem die super Stimmung der Leute machte den Abend zu etwas ganz Besonderem. Egal ob ihr eine Partytour macht oder selbst um die Häuser zieht, eine Nacht in Surfers Paradise muss einfach mit dabei sein.

Am nächsten Morgen genossen wir unser Katerfrühstück auf dem Skydeck des Q1 Towers, dem höchsten Gebäude Australiens mit rund 323 Metern Höhe. Auf dem Turm kann man das 360-Grad-Panorama rund um Surfers Paradise genießen. Nachdem ich ein Foto von der Aussicht auf Facebook gepostet hatte, bekam ich sofort eine Antwort. Zwei Kollegen aus meiner Heimatstadt wohnen für drei Monate in dem Q1 Tower. Was für ein Zufall, so trifft man sich genau am anderen Ende der Welt wieder. Bei einem Drink klärten sie mich darüber auf, dass sie hier in Surfers Paradise einen Englisch Sprachkurs machen. Die Stadt scheint beliebt zu sein, um Englisch Kurse zu besuchen, ich habe schon zuvor

Blick von dem Q1 Tower Skydeck über den Strand von Surfers Paradise

ein paar Schweizer getroffen, die dasselbe machen. Die Mietpreise sind in Surfers Paradise relativ günstig. Wenn ihr also länger in Surfers Paradise bleiben wollt, um zu arbeiten oder einfach nur den ganzen Tag zu surfen, dann sollte dies die Stadt eurer Wahl sein.

Am Ende des Tages ging unser Bus zu unserem letzten Stopp an der Ostküste, Byron Bay is calling.

Must Do`s Surfers Paradise
- Surfen, chillen, schwimmen an dem Strand von Surfers Paradise
- Besuch des Q1 Towers Skydeck (super Aussicht über die Stadt und den Strand)
- Checkt das Partyleben in Surfers Paradise am Abend
- Besuch der Mall in Surfers Paradise (Hard Rock Café, Shops, Restaurants)

Byron Bay
Die Busfahrt nach Byron Bay dauerte nur eineinhalb Stunden. Byron Bay ist der östlichste Punkt des australischen Festlandes und liegt wieder im Bundesstaat von New South Wales. Die kleine Stadt ist ein absoluter Traum. Ich kann verstehen, dass viele Aussteiger und Künstler sich in dieser Stadt niederlassen. Die Stadt ist ein beliebtes Ziel von Backpackern. Viele Surfshops, Kunstgeschäfte, Cafés, Rainbow-Shops, Straßenkünstler, Straßenmusiker und Hostels für Backpacker prägen das Stadtbild der kleinen Hippie-Stadt.

Gleich am nächsten Tag wanderten wir zu dem Wahrzeichen der Stadt, dem Leuchtturm von Byron Bay, dieser liegt drei km von der Stadt entfernt und wurde

Der Leuchtturm von Byron Bay

Blick auf das Meer entlang des Wanderweges

1901 erbaut. Ein wunderschöner Wanderweg führt entlang des Traumstrandes von Byron Bay, der vom Forbes Magazine zu dem Sexiest Beach der Welt gekrönt wurde. Anschließend führt der Weg durch den Regenwald, wo uns ein Wallaby über den Weg lief. Am Ende geht es über einen steilen Anstieg hoch bis zu dem wunderschönen Leuchtturm. Was für ein super Weg mit Blick auf das Meer und die Natur rund um Byron Bay. Einer der schönsten Plätze Australiens.

Chrissi und ich bei unserer ersten Surfstunde

Zurück in der kleinen Stadt angekommen meldeten ich und meine Freundin uns für einen dreitägigen Surfkurs an. Wenn man die Surfer entlang des Strandes sieht, überkommt einen einfach die Lust selbst auf das Brett zu steigen. Am Nachmittag ging der Kurs bereits los. Wir bekamen einen brasilianischen Surflehrer mit langen Haaren, zu lustig der Typ. Bereits am ersten Tag konnten wir auf dem Surfbrett aufstehen und die bereits gebrochenen Wellen surfen. Der Surflehrer gab uns Tipps für das Timing und schob uns anfangs im richtigen Moment an. Das Surfen macht enorm viel Spaß. Falls ihr Anfänger seid, gebe ich euch nur einen Tipp, haltet das Surfbrett hinter euch. Ich hab nämlich ein blaues Auge davon getragen, als eine Welle das Board gegen meinen Kopf spülte. Für kurze Zeit trieb ich unter Wasser und sah nur noch die Sterne vor meinen Augen. Aus Fehlern lernt man bekanntlich. Der Surfkurs war einfach super, man lernt schnell. Aber um später eine große Welle zu reiten, braucht es natürlich viel Training, meinte unser Surfcoach. Kurzfristig haben wir sogar darüber nachgedacht, hier in Byron Bay zu bleiben und uns eine Arbeit zu suchen. Ein Surferleben zu starten und hier für ein paar Monate abzusteigen.

Im Sonnenuntergang beobachteten wir noch einmal die Surfer von Byron Bay, es ist der Hammer, wenn sie bei den letzten Sonnenstrahlen des Tages die allerletzten Wellen reiten.

Surfer im Sonnenuntergang am Sexiest Beach of the World in Byron Bay

Am Abend checkten wir mal das Nachtleben von Byron Bay. Als wir am Strand entlangliefen, fiel uns bereits ein Campervan auf. Ein DJ war auf dem Deck des Vans und legte Musik auf. Doch es war keine Musik zu hören. Alle Leute trugen Kopfhörer mit Musik. Lustig, wenn die Leute abtanzen, ohne dass man selbst die Musik hört. Sie hatten jede Menge Spaß. Auch in der Stadt sind einige interessante Pubs, im Vergleich zu Surfers Paradise ist alles einfach ein bisschen mehr hippiemäßig. Wahrscheinlich sind hier zwar dieselben Backpacker als in Surfers Paradise, aber in Byron Bay herrscht einfach eine besondere Atmosphäre.

Ein kurzes Wort zu unserem Hostel, dieses war wohl der einzige Minuspunkt in Byron Bay, aber wir waren selbst Schuld und haben wieder einmal zu spät gebucht. Bucht frühzeitig in Byron Bay. Während die meisten angestellten Backpacker, vom Kiffen benebelt herumgeisterten, anstatt ihre Arbeit zu erledigen und wir Gäste ihnen ins Bett helfen mussten, stapelte sich das Geschirr in der Küche. Die Duschen waren dreckig und

Die Öffnungszeiten eines Cafés

das Wasser tropfte durch das Dach. Das Bett nicht zu vergessen war die absolute Katastrophe. Es war so schlimm, dass es teilweise fast schon wieder lustig war. Ich würde euch in Byron Bay das YHA-Hostel empfehlen, da könnt ihr keinen Fehler machen. Die Hostels in Byron Bay sind halt mal ein bisschen teurer, dafür ist der Ort auch einzigartig und wunderschön.

Am vorletzten Tag machten wir einen Ausflug zu dem 45 km entfernten Hippie-Städtchen Nimbin. Der „Regenbogen-Bus" startet einmal täglich von dem Stadtzentrum in Byron Bay. Es gehen die Gerüchte um, dass so mancher Backpacker für mehrere Wochen in dem Städtchen hängen geblieben ist. 1973 fand in Nimbin ein Hippie Festival statt. Bei diesem wurden einige Leute wegen Cannabis Konsums festgenommen. Friedliche Proteste der Festivalbesucher führten zu deren Freilassung und dem erlaubten Konsum von Cannabis in Nimbin. Seitdem findet jährlich in Nimbin das „MardiGrass" Festival statt. Der Cannabiskonsum wird auch heute noch von der Stadt stark vertreten. Obwohl in New South Wales der Drogenkonsum strengstens verboten ist. Als wir in dem winzig kleinen Städtchen mit rund 450 Einwohnern ankamen, begann die Arbeitszeit für die Drogendealer. An nahezu jeder Ecke wird man angesprochen, was man jetzt kaufen will. Während manche in der Seitengasse das Cannabis auf der Wiege abwiegen,

Eine Ausstellung in dem Museum

Die Nimbin Cannabis Botschaft

Das Nimbin Museum

sitzen Omas auf Bänken, lesen Zeitung und heben versteckte Schilder mit der Aufschrift „Cookies", gleichzeitig zwinkern sie den Leuten zu. Echte Drogenomas, wahrscheinlich sind sie 1973 hier ausgestiegen, irgendwie niedlich. Wie uns eine von Ihnen erzählt, sind die meisten hier in diesem Städtchen aufgewachsen und leben von diesem Geschäft.

Ich selbst fand die Stadt und Sichtweise bzw. Lebenseinstellung der Einwohner und die Geschichte der Stadt interessant. Ein Museum klärt über die Geschichte der Stadt und das Verhalten gegenüber Cannabis auf, wie ihr in dem Bild erkennen könnt.

Must Do's Byron Bay
- Wanderung zu dem Wahrzeichen der Stadt – dem Leuchtturm von Byron Bay
- Strandtag am Sexiest Beach of the World
- Surfkurs
- Ausgangspunkt für einen Tagesausflug nach Nimbin
- Besichtigung der Hippie-Stadt und des Nachtlebens in Byron Bay

Back to Sydney!

Nach gut einer Woche haben wir Byron Bay wieder verlassen und fuhren mit dem Nachtbus von Greyhound zurück nach Sydney. Hier wollte ich meiner Freundin noch einmal meine Lieblingsstadt von Australien zeigen und selbst noch ein paar Sachen ansehen, die mir noch gefehlt haben. Wir buchten das YHA-Hostel in Bondi Beach und anschließend das Noahs Backpackers in Bondi Beach. Die Lage der beiden Hostels ist gut. Am ersten Tag fuhren wir zu dem Circular Quay, den Hafen von Sydney von wo aus wir die Fähre nach Manly Beach nahmen. Die Schiffsfahrt war rund 12 km lang und die Aussicht von der Fähre durch den Port Jackson und allen Sehenswürdigkeiten bei strahlendem Sonnenschein war super. Der Hafen von Manly ist ebenfalls schön, wir liefen den Wanderweg von dem Hafen links entlang und anschließend durch den Stadtteil von Manly (Wentworth Street). Am Ende der Stadt öffnet sich ein riesiger Sandstrand und lädt zum Schwimmen und Surfen ein. Der Manly Beach ist ein weiterer Traumstrand Sydneys.

Manly Beach vor dem Eingang zu dem Zentrum

Nachdem wir den Manly Beach abgelaufen sind, liefen wir einen Wanderweg entlang und gelangten zufällig zu dem Sydney Harbour National Park, den wir natürlich mehrere Stunden komplett abgelaufen sind. In dem Nationalpark sind mehrere schöne Lookouts über den Ozean und auf Sydney, ich würde ihn auf jeden Fall noch einmal ablaufen. Bedrohte Bandicoots sind auf den Wegen ebenfalls anzutreffen, wie ihr an dem Schild unten rechts erkennen könnt.

Der Lookout auf die Skyline von Sydney vom Sydney Harbour Nationalpark

Der Shelly Beach in Manly

Auf dem Weg zurück zum Hafen kamen wir an dem Shelly Beach vorbei, ein weiterer schöner Sandstrand in Manly. Auf dem Pathway of Olympians sind die australischen Wintersportler verewigt. Bevor wir mit der Fähre zurückgefahren sind, haben wir noch am Hafen von Manly zu Abend gegessen und den Sonnenuntergang beobachtet. Es war so schön, dass wir dreimal knapp die Fähre verpasst haben. Bei dem Anblick vergisst man total die Zeit. Der Fahrkartenkontrolleur meinte sogar, dass der Rekord bei fünfmal liegen würde und dies öfter passieren würde. Manly ist auf jeden Fall einen Tagesausflug wert, ob zum Surfen, wandern, chillen, shoppen oder einfach nur wegen der Fahrt mit der Fähre, je nachdem, was man vorhat, ist für jeden etwas dabei.

Sonnenuntergang im Hafen von Manly

Da das Wetter am nächsten Tag schlechter werden sollte, liefen wir am nächsten Morgen früh von unserem Hostel zu den North Bondi Rocks und in den Park des Golfplatzes von Bondi. Ein wirklich schöner Park mit riesigen Klippen und super Aussichtspunkten. Perfekt für einen Rundgang am Morgen oder Abend, wir waren dort ganz alleine. Super Aussichten auf den Ozean und die Stadt sind garantiert.

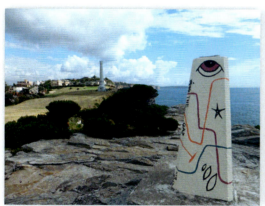 

Blick Richtung Norden und Süden in dem Golfpark von Bondi Beach

Am späten Nachmittag fuhren wir mit dem öffentlichen Bus zu dem Opernhaus und gingen entlang des botanischen Gartens, in dem auch ein Sukkulenten-Garten mit riesigen Kakteen zu finden ist. Kurz darauf besuchten wir die nahe gelegene Kunstgalerie von New South Wales, wo wir eine freie Kunstausstellung begutachteten. Unser nächstes Ziel war der Darling Harbour. Dieser Hafen ist gleichzeitig das größte und beliebteste Freizeitviertel von Sydney. Viele Lokale und Restaurants rund um den schönen Hafen, sowie Einkaufszentren, Unterhaltungszentren, das LG-IMAX Kino, die Sydney Wildlife World, das Aquarium und „Madame Tussauds" und vieles mehr machen den Hafen zu einem beliebten Touristenziel. Wir haben uns dazu entschieden das Casino von Sydney aufzusuchen, um uns die Spiel- und Zockerwelt der Australier aus der Nähe anzuschauen. Das Star Casino oder auch Sydney Harbour Casino genannt liegt nahe an dem Darling Harbour, es ist das zweitgrößte Casino Australiens nach dem Crown Casino in Melbourne. Bei dem Betreten des Casinos war ich einfach nur überwältigt, hunderte, wenn nicht Tausende Spielmaschinen, unzählige Roulette und Blackjack Spieltische und ein riesiger Pokerraum befinden, sich darin. Mir fiel auf, dass viele Asiaten in dem Spielcasino waren. Viele sind

Die unzähligen Spielmaschinen

so in ihrem Spiel vertieft, dass sie die Außenwelt nicht mehr wahrnehmen und zum Teil unglaubliche Summen setzen. Manchen sieht man die Verzweiflung regelrecht an, nachdem sie Unmengen an Geld verspielt haben. Andere schweben gerade auf einer Glückswelle und können gar nicht mehr aufhören zu spielen. In Australien sind ja nahezu in jedem Lokal Spielmaschinen und das Glücksspiel ist unglaublich beliebt. Ich selbst versuchte natürlich auch mein Glück und entschied mich dazu Roulette zu spielen. Leider hatte ich meinen Einsatz schon bald verspielt und um nicht genauso zu enden wie viele, die ich zuvor beobachtet habe, entschloss ich mich guten Herzens dem Spiel ein Ende zu setzen. Aber trotz des Verlustes muss ich sagen, dass die fanatische Spielerwelt von Australien auf jeden Fall einen Einblick wert ist.

Ich beim Zocken am Roulettetisch

Must Do's Sydney
- Besuch des Hafens mit Besichtigung des Opernhauses, Harbour Bridge und des botanischen Gartens
- Besuch des Darling Harbours (beliebtes Freizeitviertel mit zahlreichen Touristenattraktionen)
- Fährenausflug von dem Circular Quay nach Manly und Cockatoo Island
- Sightseeing der Stadt
- Bondi Beach (surfen, schwimmen, wandern und chillen)
- Kings Cross (Partyviertel)
- Ausgangsstation für einen Ausflug in die Blue Mountains

Blue Mountains

Am nächsten Tag fuhren wir in die Blue Mountains. Die Zugfahrt nach Katoomba in die Blue Mountains dauerte genau zwei Stunden und ist relativ günstig. Schon im Voraus hatten wir uns dieses Mal gut erkundigt und keine Tour gebucht. Die Ein-Tagestouren von Sydney sind teuer. Macht diese auf keinen Fall. In Katoomba haben wir das YHA-Hostel gebucht. Das Hostel war very resourceful, wir fühlten uns vom ersten Tag an wie zu Hause. Die Stadt selbst hat 8000 Einwohner und bietet alles, was man zum Leben benötigt. Von dem Hostel aus ist der Blue Mountains Nationalpark in 15 Minuten zu Fuß zu erreichen. Es gibt auch die Möglichkeit mit dem Sightseeing Bus zu den verschiedenen Ausgangspunkten für die Wanderungen zu fahren, aber dies ist absolut unnötig und völlig überteuert. Wandert einfach stattdessen alles ab, es ist wunderschön. Zu allererst empfehle ich euch zu dem Echo Point zu gehen,

Blick auf den Nationalpark

Blick von dem Echo Point auf die Three Sisters

hier gibt es auch ein Info Centre, wo man sich ein bisschen schlaumachen kann. Der Echo Point ist ein Lookout über den National Park, man sieht über das Jamison Valley, auf den Mt. Solitary und das danebengelegene Ruined Castle, die Hauptattraktion sind natürlich die weltbekannten Three Sisters. Die Blue Mountains entpuppten sich für uns als ein wahres Paradies und obwohl es kein absolutes Must Do für mich gewesen war, verbrachten wir hier so viel Zeit wie nirgendwo sonst an der Ostküste.

Als wir anfangs an dem Echo Point standen, war ich überwältigt. Ein riesiger Nationalpark, Abertausende Eukalyptusbäume so weit das Auge reicht. Weiße Kakadus und bunte Papageien, die ihre Kreise um ihr Revier ziehen, dazu noch die Geräusche der Singzikaden, die dem Ganzen ein atemberaubendes Flair geben, als würde man sich mitten im aller tiefsten Regenwald der Welt befinden. Der Echo Point befindet sich gut 300 Meter oberhalb des unglaublich weiten und breiten Jamison Valleys.

In den Blue Mountains ist natürlich Buschwandern in der phänomenalen Natur angesagt. Die besten Buschwanderungen werde ich euch jetzt kurz zusammenfassen, damit ihr sie bei Interesse genauso machen könnt.

1. Wandertour: Echo Point – Giant Stairway – Federal Pass – Furber Stairs

Die Dauer der Wandertour liegt bei 3 Stunden. Anfangs führt der Wanderweg zu dem Wahrzeichen des Nationalparks, den sagenhaften Three Sisters, eine Felsformation, aus drei Sandsteinfelsen. Die Saga der Eingeborenen besagt, dass der Vater von drei Schwestern diese mit einem Zauberknochen zu Stein verwandelte, um sie vor dem bösen Bunyip zu beschützen. Da der Vater jedoch bei der Flucht seinen Zauberknochen verlor, um sie wieder zurückverwandeln zu können, warten die drei Schwestern auch heute noch auf ihre Rückverwandlung.

Von den aus Sandstein bestehenden Three Sisters startet der Giant Stairway, über 800 Stufen nach unten, hinein inmitten des Jamison Valley. Von hier aus geht man nach rechts, entlang des Federal Pass Weges, überquert einige Flüsse, vorbei an vielen wunderschönen Wasserfällen und Lookouts. Wenn man auf dem Weg die Katoomba Falls von dem Weg des Federal Pass aus zum ersten

Die Katoomba Falls

Der Lookout auf den Wasserfall

Mal erkennen kann, wird einem klar, wie groß die Wasserfälle sind. Von dem Federal Pass gelangt man auf der gegenüberliegenden Seite auf die Furber Steps. Ein absolutes Highlight dieses Wanderweges sind die Katoomba Falls. Wenn ich mich recht erinnere, ist auf der Mitte der Furber Steps ein Lookout direkt neben den Katoomba Falls, diesen haben wir überschritten und gingen direkt zu dem Wasserfall hin. Unglaublich, der Wasserfall hat es echt in sich, das kann ich euch versprechen! Zudem hat man eine Wahnsinns-Aussicht auf das Jamison Valley. Auf den beiden letzten Bildern seht ihr rechts die Katoomba Falls von dem Lookout und links steht Chrissi direkt an dem Punkt, wo der Wasserfall zum ersten Mal auf den Fels trifft.

2. Wandertour: Echo Point – Leura Cascades

Die Wanderung von dem Echo Point zu den Leura Cascades dauert 2,5 bis 3 Stunden. Der Weg ist gut beschriftet, also überhaupt kein Problem. Auch hier gibt es am Rande der teilweise hohen Klippen wieder zahlreiche überwältigende Lookouts über den Nationalpark. Genießt die Aussicht von den verschiedenen Aussichtspunkten. Der Weg führt durch den Regenwald. Die Singzikaden entlang des Weges waren unglaublich laut, das Geräusch, das sie produzieren bohrt, sich regelrecht in den Kopf, meine Freundin meinte sogar, dass ihr das wehtut. Als wir an den Leura Cascades ankamen, leistete uns ein weißer Kakadu Gesellschaft. Es ist kaum zu glauben, dass so ein schöner kleiner Vogel so laut und hässlich schreien kann, man kann die Vögel mehrere km krächzen

Der weiße Kakadu

hören. Die Leura Cascades sind wie der Name schon sagt ein Wasserfall in Form von Stufen, ich würde sagen sie sind einige 100 Meter lang und wunderschön. Sie fließen direkt durch den Regenwald. Auf dem Bild links könnt ihr sie im Hintergrund sehen.

Der Rückweg ist derselbe wie der Hinweg. Dieses Mal war es jedoch totenstill. Nur die Überreste von

Die Leura Cascades

den Zikaden waren auf dem Boden. Was geht denn da ab? Plötzlich entdecken wir zwei riesige Vögel auf einem Baum. Wie sich später herausstellte, handelte es sich um schwarze Kakadus, die Zikaden zu ihren Beutetieren zählen. Die schwarzen Kakadus sind um vieles größer als die weißen Kakadus. Allein der Kopf ist beinahe so breit wie ein Baumstamm. Auch Rosella Papageien kreuzten immer mal wieder unseren Weg, ein wahres Fest für Ornithologen. Nach der Wandertour genossen wir noch einen von vielen super Sonnenuntergängen in den Blue Mountains, während der Himmel orangerot leuchtet, wird der grüne Nationalpark immer blauer, unbeschreiblich schön. Durch die ätherischen Öle der Eukalyptusbäume und der Sonneneinstrahlung zu diesem Zeitpunkt werden die Blue Mountains tatsächlich so blau, wie ich es mir nicht hätte vorstellen können.

Der schwarze Kakadu

Ein Rosella Papagei

Der leuchtend rote Himmel am Kamm des Narrow Neck Plateaus

Die blau erstrahlenden Blue Mountains

3. Wandertour: Furber Stairs – Federal Pass – Ruined Castle – Mt. Solitary und zurück über die Golden Stairs

Diese Tour ist etwas für ganz Harte. Sie dauert gut 8-9 Stunden retour. Am Anfang geht es durch den Regenwald runter bei den Furber Steps bis hin zu der Talstation von der Katoomba`s Scenic Railway. Diese ist übrigens die steilste Bahn der Welt. Von hier weg führt ein rund 2 bis 3-stündiger Weg bis zu dem Ruined Castle. Der Weg ist gut angeschrieben. Das Ruined Castle ist eine Felsformation, die von Weitem aussieht wie eine Schlossruine, daher kommt auch der Name. Von dem Ruined Castle wieder zurück auf den Wanderweg angekommen, bestreitet ihr euren Weg weiter in Richtung Basis des Mount Solitary. Der Mount Solitary ist ein Berg in der Mitte des Jamison Valleys. Auf der Spitze des Berges ist ein 360-Grad-Panorama über die Täler des Nationalparks zu sehen. Weit und breit nur Regenwald und Natur pur. Ich kann mich heute noch an den Eukalyptusduft und den Klang des Regenwaldes erinnern, wenn ich daran zurückdenke. Ein absolutes Abenteuer.

Das Ruined Castle

Prägt euch den Weg gut ein und kommt auf keinen Fall von dem Weg ab. Als wir nämlich auf der Spitze des Mount Solitary ankamen, begann es plötzlich aus heiterem Himmel zu regnen und eine Nebelbank zog herein. Ich wusste, dass wir schnell absteigen müssen, da der Abstieg sonst gefährlich und rutschig wird. In der Panik hätten wir beinahe den Weg zurück aus den Augen verloren. Nass bis zu unserer Unterwäsche und unter Adrenalin habe ich versucht logisch zu denken und schließlich einen anderen Abstiegsweg gefunden. Auf dem Rückweg fanden wir einen Rucksack und die Kleidung einer Person. Ein Zettel lag daneben auf dem stand, dass dies bereits der Polizei berichtet worden sei. Ich hoffe nur, dass sie die Person in den nächsten Tagen noch gefunden haben! Uns hätte es ähnlich gehen können. Das Handy hat in diesem Gebiet keinen Empfang. Um ganz sicher zu gehen, empfehle ich

Der Ausblick von dem Mount Solitary

euch ein GPS-Gerät auszuleihen. Teilt den Leuten an der Rezeption mit, wohin ihr geht, damit sie euch eventuell suchen können oder wenigstens wissen, wo sie suchen müssen. In den Blue Mountains gehen leider jedes Jahr einige Leute verloren oder schaffen den Weg nicht mehr zurück. In dem Nationalpark verliert man leicht die Orientierung in dem Regenwald. Don`t push it when you bush it, lautet das Motto! Der Rückweg war derselbe wie der Hinweg, nur dass wir dieses Mal die Golden Stairs hochgingen, hunderte Stufen führen entlang von steilen Klippen und dem Regenwald hoch bis auf den Kamm der Narrow Drive Road. Von hier aus dauert der Weg noch ca. 45 Minuten bis zu dem Hostel. Dieser Bushwalk ist ein echtes australisches Abenteuer und mein Favorit in den Blue Mountains.

4. Wandertour: Katoomba – Narrow Neck Plateau

In dem Hostel sahen wir ein Foto, wie eine Person auf dem Narrow Neck Plateau sitzt. Sieht gut aus, da müssen wir natürlich auch hin! Der Wanderweg bis zu dem Ende des Narrow Neck Plateau dauert zu Fuß rund 5-6 Stunden retour. Cooler wäre es den Straßenweg (Glenraphael Drive) mit dem Mountainbike abzufahren, es handelt sich dabei um eine Forststraße, die nur für Notfälle für die Autos zugänglich ist und somit ideal für eine Mountainbike-Tour geeignet. Aber wir wanderten den Weg! Von dem Hostel joggten wir zu dem Cliff Drive, vorbei an der Scenic World Seilbahn, entlang der Cliff Drive Straße bis nach ca. einem km die Glenraphael Straße ihren Anfang nimmt. Diese Straße verfolgt ihr dann bis zu dem Ende. Der Weg ist zwar lang, hat sich aber noch einmal richtig ausgezahlt.

Lookout am Ende der Glenraphael Drive

Ich sitze auf dem Narrow Neck Plateau

Die Wahnsinnsaussicht auf die verschiedenen Täler und Seen der Blue Mountains ist unbezahlbar, und weit und breit war keine Menschenseele in Sicht. Wahrscheinlich, weil keiner so verrückt ist und in der Mittagssonne diese Tour bestreitet außer uns! Natürlich hatten wir nicht genügend Wasser mit und mussten gut taktieren, um die Tour zu überstehen.

Das Narrow Neck Plateau und die Glenraphael Drive mit der Aussicht auf die verschiedenen Täler des Nationalparks

Die Tage in den Blue Mountains vergingen wie im Fluge, wir genossen jeden einzelnen Tag. Insgesamt haben wir hier in 12 Tagen gut 280 km zu Fuß absolviert. Die Natur nimmt einen so in den Bann, dass man die Anstrengung gar nicht wahrnimmt.

Must Do's Blue Mountains
- Bushwalking und Mountainbike in dem Nationalpark
- Besichtigung der Stadt Katoomba (vor allem die Antiquitätenläden)

Während der Tage in den Blue Mountains haben wir uns natürlich hin und wieder überlegt, wie es jetzt weitergehen soll, der Plan keinen Plan zu haben ist bisher ja voll aufgegangen. Wir haben in den letzten Wochen wirklich nie länger als drei Tage vorausgeplant. Meistens wussten wir so gut wie gar nichts von dem Ort zu dem wir fahren. So war es immer eine Überraschung, oft eine gute, manchmal eine schlechte. Aber jetzt steht eine wichtige Entscheidung an, da wir gut einen Monat zu früh mit unserer Reise fertig sind.

Während unserer letzten Tage in den Blue Mountains hatten wir noch ein Vorstellungsgespräch für die Vermietung einer Wohnung in Sydney. Es lief gut und wir warteten auf die Antwort des Vermieters. Es hatten sich viele Leute für die Wohnung beworben. Aus Griffith hatten wir eine Zusage für einen Platz in einem Working Hostel (Fruit-Picking Job) erhalten. Den Flug umbuchen oder früher nach Neuseeland fliegen ging leider nicht. Silvester wollten wir natürlich in Sydney sein, um in das neue Jahr zu feiern. Letzte Option war ein Flug nach Asien aber der Rückflug wäre genau in den Weihnachtsferien gewesen. Die Flüge nach Bangkok waren in diesem Zeitraum schweineteuer (>1000 AuD) aufgrund der Weihnachtsferien. Was sollen wir jetzt bloß machen?

Griffith

Wenn ich zurückdenke, kann ich es kaum glauben, wir sind tatsächlich spontan nach Griffith gefahren, den Job hat meine Freundin organisiert und das damit verbundene Arbeits-Hostel, Griffith International Hostel. In dem Zug auf dem Weg nach Griffith las ich zufällig die Kommentare über das Hostel, besser spät als nie. Alle Kommentare waren negativ, es war die Rede von einem Tyrannen namens Caesar, der die jungen Leute gnadenlos ausnutzt. Das Hostel soll eine ziemliche Baracke sein. Caesar soll den Backpackern angeblich bei Ankunft Arbeit versprechen. Doch letztendlich hat er keine Arbeit, kassiert die Backpacker ab, und wenn deren „Kohle" zu Ende ist, kommandiert er sie nach Gutdünken.

Zitate über das Hostel:
- Gehe nicht nach Griffith International Hostel! Du bekommst die Papiere für das Second Year Visa nicht!
- Kaum überlebbar, ich hätte mich selbst umgebracht hätte ich keine Freunde hier gehabt.
- Ekelhaft! Bleib um jeden Preis fern von diesem Platz!
- Alles ist Scheiße, aber ich hatte dennoch eine gute Zeit.

Mir reichten die Kommentare. Da werden wir nicht hingehen, nichtsdestotrotz, weil wir schon fast in Griffith sind, bleiben wir dennoch zwei Tage um die Arbeits-Lage zu checken. Und eventuell selbst eine Unterkunft und Arbeit hier zu suchen. Kaum angekommen bot uns eine freundliche Familie bereits eine Mitfahrgelegenheit zu einem nahe gelegenen Hostel an. Als sie uns absetzten und wegfuhren, fiel uns auf, dass das Hostel geschlossen ist. Wo sind wir da bloß gelandet und was sollen wir jetzt machen? Hilfe!

Da hält ein Jeep auf der Straße und der Mann will uns helfen. So ein Zufall, er hat auch ein Arbeits-Hostel und sein Name ist Brian. Gott sei Dank war es nicht Caesar! Wir können hier die erste Nacht verbringen, doch mit Arbeit sieht es zu dieser Jahreszeit schlecht aus meint er und empfiehlt uns zurück nach Sydney zu reisen. Da der Winter zu warm war, ist jetzt bis Jänner die Ernte schlecht. Naja kann man nichts machen, wir haben alles probiert. In einem Häuschen auf einer Orangenplantage rund 7 km von der Stadt entfernt wurden wir untergebracht. Küche, WC und Dusche waren im Freien. Die Backpacker in dem Hostel sind zwar ganz ok, aber da sie zurzeit nur an manchen Tagen arbeiten und da auch nur wenig, vegetieren sie mehr oder weniger vor sich hin und schlagen die Zeit tot. Man könnte es als sinnloses Dasein beschreiben. Glaubt mir, Griffith ist kein besonders guter Ort um die Zeit totzuschlagen. Wahrscheinlich scheint es nur mir so schwer zu fallen nichts zu tun. Ein irisches Paar hat sich dazu entschieden hier noch einen Monat freiwillig zu bleiben und das Hostel zu bezahlen, ehe ihre

Arbeit hier überhaupt erst beginnt. Uns ist klar geworden, dass das hier absolut nichts für uns ist. Ich arbeite ja, um zu leben, und lebe nicht, um nur zu arbeiten, noch dazu in diesem Ort, am Arsch der Welt. Der Abend war ebenfalls die Hölle, in einem Zimmer mit acht Personen schnarchte ein Ire so laut, dass an Schlaf gar nicht mal zu denken war. Der schnarchende Horror fand kein Ende. Die Nacht glich einem Marathon, in dem man sich wälzend das Tageslicht herbeisehnte. Völlig fertig starteten wir in den nächsten Tag, meiner Freundin ging es auch nicht besser, wir organisierten die Rückreise und bezahlten das schweineteure Arbeits-Hostel. Zum Dank sagte uns der super Hostelbetreiber Brian noch, dass wir doch ein Taxi zu dem Bus nehmen sollten, weil er zu faul sei, uns hinzufahren. Laut meiner Meinung sind die Arbeits-Hostel Betreiber alles dieselben Abzocker und die Backpacker zahlen drauf. Naja, muss jeder selbst wissen, was er in seinem Leben machen will. In letzter Sekunde erreichten wir den Bus. Das irische Paar hatte uns hingefahren, wahrscheinlich, weil sie uns loswerden wollten, um ihre Ruhe zu haben. Nein Spaß beiseite, der italienische Backpacker war viel zu spät dran und hatte uns vergessen. Kein Wunder er kommt ja auch aus Süditalien, da gibt es keine Pünktlichkeit. Selten war ich so froh einen Ort zu verlassen wie diesen, wir fuhren zurück in die Blue Mountains.

Die richtige Arbeitssuche in Australien?

Für die Arbeitssuche in Australien möchte ich euch kurz noch ein paar nützliche Tipps geben. Wie bereits schon erwähnt war es an der Ostküste nicht so leicht einen Fruit-Picking Job zu finden, da es eine schlechte Saison war und an der Ostküste wirklich viele Backpacker unterwegs sind, von denen die meisten eine Arbeit suchen. Um trotzdem einen Fruit-Picking Job zu finden, empfiehlt es sich den Harvest Guide durchzulesen, diesen könnt ihr online abrufen. Darin wird beschrieben in welchen Orten wann und was geerntet wird, so könnt ihr einfach zu dieser Zeit hinfahren und euch bei den verschiedenen Betrieben bewerben. Unter der Harvest Hotline (auch online zu finden) könnt ihr euch zusätzliche Informationen einholen und erfahrt, ob noch Arbeiter gesucht werden, um euch eine unnütze Anreise zu ersparen. Wenn ihr euch dann entschieden habt, könnt ihr die Erfahrungen anderer Backpacker im Internet begutachten, damit ihr nicht wie wir in einem schlimmen Arbeits-Hostel landet. Damit ihr euch nicht für ein paar mickrige Dollars zu Tode schuftet unter der brütend heißen Sonne Australiens gebe ich euch noch ein paar Tipps von Backpackern, welche mit ihrer Arbeit zufrieden waren.

- Weinkellerei in Griffith (ab Januar, man muss sich aber schon frühzeitig bewerben)
- Fruit Picking Jobs in Darwin (vor allem die Mango-Pflücker waren mit ihrem Gehalt zufrieden)

- Servicejobs in Townsville (gute Bezahlung, viel Arbeit)
- Farmjobs in der Nähe von Melbourne und an der gesamten Westküste
- Servicejobs in Sydney (cool, aber zu bedenken sind jedoch die hohen Mietkosten und Lebenskosten)
- Servicejobs in den Snowy Mountains (während der Skisaison – Juni bis Oktober, bei frühzeitiger Anmeldung (Februar))
- Jobs auf Perlenfarmen in Darwin (April-Mai und September-Oktober)

Viele Backpacker haben auch einen Job unter www.gumtree.com.au gefunden, hier kann man sich persönlich für einen angebotenen Job bewerben oder selbst ein Gesuch online stellen. Sucht euch also einen guten Job auf eigene Faust und vermeidet abgezockte Arbeits-Hostel. Nehmt gut Acht vor der starken Sonne Australiens, auf meiner Reise habe ich mehrere Backpacker angetroffen, die sich bei der Arbeit einen echten Sonnenbrand zugezogen haben.

Organisation in den Blue Mountains

In den Blue Mountains angekommen suchte ich noch einmal eifrig verschiedene Flüge nach Asien, Neuseeland und „Bingo!" Ein Flug nach Kuala Lumpur von 2. bis 29. Dezember genau zu den Weihnachtsferien, wo doch alles so teuer ist für nur 280 Euro. Ich habe es ja gesagt, vergesst die Berater in den Reisebüros, die haben ja überhaupt keine Ahnung von ihrem Job. Im selben Moment gab uns auch der Vermieter von Sydney die Zusage für die Wohnung und wir könnten schon dieses Wochenende einziehen.

Nach einer zeitaufwendigen Berechnung mit allen möglichen Optionen kamen wir zu dem Ergebnis, dass Asien sowohl die beste als auch die günstigste Option für uns sei, um die Zeit voll auszunützen. Für Arbeit ist die verbleibende Zeit in Australien zu kurz und das Leben in Australien ist hier schließlich viel teurer als in Asien. Alle vorgenommenen „Must Do`s" in Oz haben wir ja bereits geschafft. Sofort buchten wir den Flug. Der Plan keinen Plan zu haben führt also erst mal nach Malaysia. In zwei Tagen geht es schon los. Meine Freundin hat aus Versehen den falschen Flug gebucht. So kann ich 8 Stunden in Sydney warten und sie 8 Stunden in Kuala Lumpur. Schlimmer wäre wohl nur noch der falsche Ort gewesen. Im Nachhinein war es trotzdem lustig. Wir verabschiedeten uns aus Spaß in Sydney, als würden wir uns ein Jahr nicht sehen. Wir werden uns also erst in Asien wiedertreffen.

Asien

Malaysia Calling

Während der achtstündigen Wartezeit in dem Flughafen von Sydney fiel mir der Film „Terminal" von Tom Hanks ein. Acht Stunden können verdammt lang sein. Der anschließende 8-stündige Flug mit Air-Asia führte über die Wüste Australiens, bis hin zum Regenwald im Norden, über die Inseln Indonesiens, Singapur und schließlich zu der Hauptstadt von Malaysia, Kuala Lumpur. Von dem Flugzeug aus könnte man meinen, dass Malaysia aus einem Meer von kräftig dunkelgrün gefärbten Palmen besteht. Die Einreise war überhaupt kein Problem, man erhält ein 90-tägiges Visum für Westmalaysia. Und da wartet auch schon meine Freundin auf mich, wir haben es beide geschafft. Unserem Monat in Asien steht also nichts mehr im Wege. Es ist übrigens vier Uhr morgens und der erste Shuttle Bus startet erst um 7 Uhr. Deshalb machten wir es uns erst mal wie viele andere Reisende auch im Mc Donalds gemütlich. Um 07:00 Uhr ging es dann endlich mit dem SkyBus, ein Shuttle Bus in das Zentrum der Hauptstadt Malysias, KL Sentral. In KL Sentral checkten wir kurz auf der Karte, wo sich unser Hostel befindet und fuhren dann mit der Bahn hin. Alles lief problemlos dank Google Maps und unserer Organisation im Voraus.

    Auf dem Weg von der Bahn zu unserem Hostel hatten wir auch schon das erste Problem. Es gibt zwar Zebrastreifen, aber diese sind relativ nutzlos, da sowieso kein Auto anhält. Nach ca. 5-10 Minuten am Straßenrand riskierten wir schließlich doch noch unser Leben, um die Straße zu überqueren. Die Gehsteige sind keineswegs sicher, es kann sein, dass die Gitter von Schächten fehlen oder einfach Löcher im Gehsteig sind, also: Augen auf! Auch Motorräder kommen einem oft unverhofft auf den Gehwegen entgegen, dies scheint in Malaysia nichts Außergewöhnliches zu sein. Andere Länder, andere Sitten heißt es so schön.

    Der erste Eindruck, das Wetter ist verdammt schwül und heiß, in dem Fluss neben der Hauptstraße schwimmt jede Menge Müll. Die Graffitis an der Wand neben dem Fluss sind aber cool. Dutzende Obdachlose liegen neben der Straße, sogar vor dem Hostel-Eingang mussten wir noch über einen Obdachlosen drüber steigen. Unser Budget-Hostel, die Matahari Lodge, in dem Little India Viertel war ganz ok, mit super Klimaanlage und einem Doppelzimmer. Was will man mehr? Wir brauchen ja kein Luxuszimmer, wenn wir sowieso den ganzen Tag unterwegs sind. Das Internet ist in den meisten Hostels frei, so kann man am Abend gut die nächsten Tage organisieren und interessante Sachen nachlesen. Nach einem kurzen Schläfchen erkundeten wir die Stadt zu Fuß und liefen Richtung Menara Kuala Lumpur Tower, er ist mit 421 Metern der siebtgrößte Fernsehturm der Welt. Von dem Skydeck des Turms bot sich ein Panorama über die Hauptstadt Malaysias. Bis auf einen kurzen Fehlalarm auf dem Skydeck, der den Leuten einen Schreck

Menara Kuala Lumpur Tower

verpasste, war die Sicht von dem Turm grandios. In allen Himmelsrichtungen stehen oberhalb der Aussichtsfenster Informationstafeln, auf denen die wichtigsten Gebäude wie Museen, Kirchen, Tempel oder z. B. die Batu Höhlen eingezeichnet und beschriftet sind. Dies ist von großem Vorteil, weil man sofort einen Überblick bekommt, was wo liegt und was es alles zu sehen gibt.

Nach dem KL Tower gingen wir in Richtung der Petronas Towers, sie sind nur rund 10 Minuten Fußweg entfernt. Plötzlich waren wir da, wer hätte vor einer Woche schon daran gedacht, dass wir hier stehen würden. Die Petronas Towers sind mit rund 452 Metern die größten Zwillingstürme der Welt und über eine Brücke miteinander verbunden. Auch hier ist es möglich sich ein Ticket zu kaufen, um die Aussicht von oben zu genießen. Direkt am Eingang der Petronas Towers stehen zwei Formel-1-Autos von Petronas. Dahinter öffnet sich ein riesiges mehrstöckiges Einkaufszentrum, super zum Shoppen. Im obersten Stock ist auch ein internationaler Food-Court, wo Restaurants aus unterschiedlichen Nationen ihr Essen anbieten.

Blick von dem Turm auf die Petronas Zwillingstürme

Neben den Petronas Towers befindet sich der Kuala Lumpur-City Centre Park, ein superschöner Park um einen Nachmittag zu chillen oder ein Picknick zu machen, mit Blick auf die Petronas Towers. Auf dem Weg zurück in das Hostel haben wir uns ein bisschen verlaufen, aber haben es am Ende doch noch geschafft. Ach ja, was uns noch auffiel waren die Taxifahrer und Travelguides, die versuchen, jedem ein Busticket anzudrehen. Es ist unglaublich, man wird angeschrien und verfolgt von aufdringlichen Verkäufern. Deshalb haben wir uns entschieden, nie ein Taxi zu nehmen. Falls ihr die Schreierei unterstützen wollt, dann macht zuerst den Preis aus und handelt, sonst ziehen euch die Schlitzohren über den Tisch. Aus Respekt vor den Kulturen sollte man in Malaysia nicht mit ärmellosen T-Shirts, Ausschnitten oder Röcken die oberhalb der Knie enden rumlaufen. Bereits am ersten Tag fiel mir auf, wie krass einige Leute meine Freundin angestarrt haben, obwohl sie nicht übertrieben freizügig angezogen war. Lange Kleidung zu tragen bei der Hitze ist auch gewöhnungsbedürftig und unbequem, aber aus Respekt haben

Chrissi und ich am Abend bei den höchsten Zwillingstürmen der Welt - Petronas Towers

wir uns trotzdem dafür entschieden. Einige Touristen laufen aber total respektlos durch die Gegend muss ich sagen. Ich finde man sollte sich schon zumindest ein bisschen an die Regeln des Landes halten, wenn man schon hinreisen will.

Am zweiten Tag fuhren wir mit der U-Bahn nach KL Sentral und von da aus mit dem Komuter Zug zu den Batu Caves. Der Zug fährt jede halbe Stunde und dauert auch eine halbe Stunde. Die Batu Caves sind die letzte Haltestation des Zuges und eine der Hauptattraktionen in Kuala Lumpur. Auf dem Platz vor den Batu Caves steht eine 42 Meter hohe goldene Statue des Gottes Murugan. Die 272 Stufen hinter der Statue führen zuerst zu der Dark-Cave. Diese kann nur gegen Bezahlung mit einer Tour betreten werden. Die Dark Cave ist ein zwei km langes Höhlensystem. Geht man an den Treppen weiter, so kommt man zu der Tempelhöhle, diese ist frei zu besichtigen. Auf den Stufen sind jede Menge Affen unterwegs. Sie versuchen etwas zum Essen zu stehlen, also seid auf der Hut und kommt ihnen vielleicht nicht allzu nahe, da sie mich z. B. auch schon wild angefaucht haben. Ein gefühlvoller,

Die Statue und die Stufen hoch zu den Batu Caves

bakterienreicher Biss ist nicht gerade der Hit. Aber es ist schon cool, wie die Affen-Familien auf den Bäumen und entlang der Treppen Parkour laufen. Am Ende der Treppen angekommen war ich schon verschwitzt. Die Luftfeuchtigkeit und Hitze ist nicht mein Ding, ausziehen kann man sich auch nicht, sonst wird man ein Opfer der Mücken (Mückenstiche sind vor allem wegen der drohenden Ansteckung mit Dengue Fieber zu vermeiden). Die Tempelhöhle ist

Ein Affe auf den Stufen

eine riesige Kalksteinhöhle in denen mehrere Hindu-Tempel stehen. Die Höhle hat eine Höhe von gut 100 Metern. In der Höhle selbst sind sowohl Touristen als auch Gläubige anzutreffen, die beten. Am Ende der riesigen Höhle führen Stufen raus zu einer Art Atrium, ringsum sind Felswände und der Himmel bestrahlt den Platz mit Tageslicht. Hähne und Affen spazieren und klettern an den Wänden der Felswand entlang. Die Höhle und die Tempel in der Höhle sind recht sehenswert. Am besten gefielen mir die Meter lang runterhängenden Stalaktiten.

Die riesigen Stalaktiten (Tropfsteine) in dem Atrium der Tempelhöhle *Der Blick in die Tempelhöhle*

Nach der Besichtigung der Tempelhöhle gingen wir noch in die Kunstgalerie und Museumshöhle, diese sind auf dem Platz gegen Gebühr zu besichtigen. Am Anfang führt ein Weg über einen Teich mit Tausenden von Koi Fischen, zum Teil riesig großen Kois. Die Kunstgalerie selbst ist auch recht interessant und mit den indischen Statuen halt mal was ganz anderes, deshalb sehenswert. Am Ende der Galerie ist ein Schlangenmuseum, das war der absolute

Der Eingang zu der Kunstgalerie

Das Museum mit den Schlangen

Kracher. So viele verschiedene Schlangen. Der Tierhalter in dem Museum war alt, mystisch und strahlte so eine innerliche Ruhe aus, dass ich ihm sofort blind vertraute und mit meiner Freundin eine Schlange auf die Schultern nahm. Während er mir die Schlange gab, holte er den Fotoapparat, aber kam erst mal ein paar Minuten nicht mehr! Den Menschen regt so schnell nichts auf. Der Schlange gefiel es Gott sei Dank ganz gut auf meinen Schultern und sie biss mich nicht. Sie fühlte sich kalt und glitschig an, um den Hals konnte man spüren, wie die Muskeln unter ihrer Haut sie um mich herumschlängelten.

Wieder zurück in dem Stadtzentrum angekommen gingen wir am Nachmittag zu dem Merdeka Square. Auf dem Merdeka Square, auch Unabhängigkeitsplatz genannt, wurde 1957 zum ersten Mal die Flagge Malaysias gehisst und die britische Flagge herabgesetzt, was das Ende der Kolonisation für Malaysia bedeutete. Der Fahnenmast ist 95 Meter hoch. Auf

Merdeka Square mit Blick auf das Sultan-Abdul-Samad-Gebäude

dem Merdeka Square befindet sich ein Visitor Centre mit einem angrenzenden Museum und freiem Eintritt. Hier werden die Geschichte des Landes und die wichtigsten Ereignisse auf Informationstafeln gut dargestellt. Zudem befindet sich in dem oberen Stock ein Zukunfts-Miniatur-Modell der Stadt. Hier wird dargestellt, wie die Stadt in ein paar Jahren aussehen wird. Wie wir sehen können, wird ein riesiges Gebäude gebaut, das die Petronas Tower bei Weitem überragen wird. Rund um den Merdeka Square erkennt man den typischen Baustil der britischen Gebäude, vor allem das Sultan-Abdul-Samad-Gebäude ist wunderschön. Was ich an der Stadt so bewundernswert finde, ist, dass man einfach in jeder Straße total verschiedene Sachen sehen kann. So kann man einen indischen Tempel besichtigen in dem Little India Viertel, 50 Meter weiter in einen chinesischen Tempel gehen, nicht weit davon entfernt stehen Moscheen und christliche Kirchen. Wir haben uns natürlich alles gründlich angeschaut und nichts ausgelassen. Wir waren in jedem Tempel herzlich willkommen. Alle Menschen leben zum Großteil friedlich miteinander und respektieren sich und ihre Religion. Ich finde Kuala Lumpur ist eine echte internationale Stadt und könnte vielen Ländern die von Vorurteilen geprägt sind als Beispiel für ein respektvolles Zusammenleben dienen.

Der 95 Meter hohe Fahnenmast

Am Abend besuchten wir den Chinese Night Market, er liegt direkt neben unserem Hostel. Der Markt führt entlang der Petaling Straße und ist riesengroß. Die Leute versuchen zum Teil recht aufdringlich, ihre Ware loszuwerden. Man findet nahezu Kleidung aller Marken, Schuhe, Sonnenbrillen oder Portemonnaies. Alles ist gefälscht. Wenn ihr gefälschte Waren zu einem billigen Preis kaufen wollt, seid ihr hier goldrichtig. Natürlich muss um die Ware erst noch richtig gefeilscht werden. Den Anfangspreis darf man auf keinen Fall ernst nehmen. So läuft das Geschäft hier erzählte uns eine Brillenverkäuferin und war sauer, weil ich zehn Minuten ihrer kostbaren Zeit verschwendet habe. Den Chinese Market am Abend solltet ihr auf keinen Fall verpassen.

Auch den Central Markt, nahe an dem Chinese Night Markt gelegen haben wir uns noch angeschaut, er hat rund 200 Geschäfte auf zwei Etagen zu bieten. Der Markt ist nicht so preiswert wie z. B. der Chinese Night Market, ist aber durchaus sehenswert. Wir haben da z. B. einen superleckeren Kuchen gegessen und ein paar schöne Kunstgeschäfte gesehen. Ein paar Kunstwerke waren richtig cool, hätten wir nicht noch die halbe Weltreise vor uns, dann hätte ich mir auf jeden Fall etwas gekauft.

Am letzten Tag in Kuala Lumpur hatten wir noch einmal ein volles Programm. Wir gingen zu Fuß zu den Lake Gardens, den größten Park in der Hauptstadt. Ideal zum Joggen und relaxen, natürlich ist hier auch ein See, wie ihr vom Namen schon ableiten könnt. Rund um diesen Park gibt es einige interessante Sachen zu erkunden. So besuchten wir zu allererst das Planetarium, der Eintritt war frei. Es war recht interessant und die Informationstafeln sind in englischer Sprache übersetzt. Direkt danach starteten wir gegen eine Gebühr von ca. 15 Euro in den übernetzten Vogelpark Kuala Lumpurs. Der Vogelpark ist riesig und die Vögel laufen bzw. fliegen frei herum. Besondere Vogelarten sind natürlich von anderen durch eine Tür oder einem Käfig getrennt. Über 200 verschiedene Vogelarten und mehrere Tausende Vögel können direkt in dem Park gesichtet werden. Der Vogelpark hat uns gut gefallen, da ich die meisten Vögel noch nie in meinem Leben gesehen habe. Alte Bekannte wie die Kakadus aus Australien waren auch mit von der Partie. Am besten gefielen uns die verschiedenen Eulen, Adler, und Papageien, die Sträuße und Emus, der rote Scharlachibis mit dem Kontrast zu der grünen Wiese und die Nashornvögel wie der Tukan waren auch schön.

Nach dem Vogelpark besuchten wir noch kurz den Orchideen-Park, Tausende Orchideen in verschiedenen Farben und Größen sind hier zu sehen. Die Orchideen sind in dem Park schön angesetzt, ein Paradies für Orchideen-Liebhaber.

Mein Gesamteindruck von Kuala Lumpur ist, dass die Stadt viele interessante Facetten zu bieten hat, ihre Geschichte ist interessant, ebenso wie die Leute unterschiedlichster Religionen und Herkunft miteinander leben. Luxusgebäude stehen neben Obdachlosen, moderne Shoppingcenter neben den größten Schwarzmärkten Malaysias, Luxus Restaurants neben den einheimischen Straßenküchen.

Weißer Ibis

Scharlachibis

Tukan

Nebenbei bietet die Stadt viele interessante Sehenswürdigkeiten. Die schwüle Hitze und das Klima machten mir persönlich ein bisschen zu schaffen. In Kuala Lumpur solltet ihr auf jeden Fall drei Tage einplanen.

Am Abend planten wir unsere Reise, der Weg führt uns nach Singapur und wieder zurück nach Kuala Lumpur, um in die Cameron Highlands zu reisen. Wir werden mit dem Bus fahren, weil es günstig ist.

Singapur

In dem Puduraya Busbahnhof von Kuala Lumpur kauften wir ein Busticket nach Singapur. Es gab so viele Travelagents, dass wir es nicht einmal geschafft haben uns überhaupt zu informieren. Sie sind gleich schlimm wie die Taxifahrer und schreien durch die Gegend. Jeder will einem sofort ein Busticket verkaufen und zu seinem Schalter bringen. Es fahren viele Busgesellschaften mehrmals am Tag nach Singapur, deshalb der große Konkurrenzkampf. Eine halbe Stunde später saßen wir bereits in dem Bus, große Sitze mit Massagefunktion inklusive. So lässt sich's reisen und noch dazu zu dem günstigen Preis (10 Euro). Die Sicht aus dem Flugzeug hat mich nicht getäuscht, ganz Malaysia ist von Palmen und Regenwald eingebettet. Kurz vor der Grenze zu Singapur mussten wir dann den Bus wechseln, der uns zu der Grenze fuhr.

An der Grenze musste meine Freundin ihr Pfeffer Spray deklarieren und abgeben. Es herrscht das totale Chaos in dem Zollbüro und kein Mensch kennt sich aus. Überall lagen Zettel von Leuten herum, die irgendetwas deklariert haben, von Privacy keine Spur. Deshalb seid vorsichtig was ihr mit in das Land nehmt. Waffen und Drogen werden hart bestraft, auf den Besitz bestimmter Mengen von Drogen steht sogar die Todesstrafe. Nach gut einer halben Stunde Wartezeit kam meine Freundin zurück aus dem Büro, das Pfefferspray wurde ihr allerdings abgezogen.

Nach der Grenze mussten wir einen Bus in das Zentrum nehmen. Der Stadtstaat Singapur mit rund 5 Millionen Einwohnern steht zu Kuala Lumpur in einem Verhältnis wie Tag und Nacht. Der Inselstaat ist perfekt gepflegt und sauber, viele fahren teure Autos und die von Architekten entworfenen Gebäude übertrumpfen sich gegenseitig. Auch die Preise sind in Singapur deutlich höher, ich würde schätzen, dass alles dreimal so viel kostet wie in Malaysia und nach oben hin sind keine Grenzen gesetzt.

Unser Hostel befindet sich wieder in dem Little India Viertel. Als wir hier mit dem Gepäck ankamen, dachte ich mir ich sei tatsächlich in Indien gelandet. Unter meinem Hostel-Bett war ein 80-jähriger Mann, der Gemüse auf dem ganzen Bett verteilte. Es duftete als wär ich in einem Gemüseladen gelandet. Das Hostel kann ich euch nicht weiterempfehlen, deshalb erwähne ich es erst gar nicht. Bucht euch lieber frühzeitig ein gutes Hostel in der Nähe des Stadtzentrums, das ist mein einziger Tipp. Das malaysische Geld konnten wir zu einem guten Wechselkurs bei einem lizenzierten Geldwechsler umtauschen.

Am nächsten Tag gingen wir früh morgens zu der Promenade und der Skyline Singapurs. Die Gegend hier ist so sauber, dass man im Vergleich zu Kuala Lumpur von dem Boden essen könnte. Da Singapur übersetzt so viel heißt wie Tigerstadt, stehen hier auch zwei Tigerstatuen als Wahrzeichen entlang der Promenade. Ein Tiger speit Wasser aus dem Mund in das Meer. Entlang der Promenade gibt es allerlei Sehenswürdigkeiten anzuschauen. Zuerst besuchten wir das Visitor Centre an der Promenade, wo uns jede Menge Infos erwarteten. Ein Miniaturstadt-Modell zeigt übersichtlich die Hauptattraktionen der Stadt. Drückt man auf die Attraktion, so leuchtet das Gebäude auf dem Modell.

Das Marina Bay Sands Hotel war unser erster Halt. Ein Hotelkomplex aus drei 55-stöckigen Hotels. Auf den Dächern der Hotels wurde eine riesige Plattform gebaut, das Sky Deck, es sieht aus wie ein riesiges Schiff. Das Hotel beinhaltet ein riesiges Einkaufszentrum, in dem man sich wie in Venedig mit einer Gondel von einem Geschäft zum nächsten verschiffen lassen kann. Absolut verrückt! Ein Casino, Theatersäle und Nachtclubs sind ebenfalls vorhanden. Noch dazu liegt die U-Bahn Station direkt in dem Hotel. Kein Zweifel, wir mussten auf das Skydeck des Hotels. Gegen eine Gebühr von rund 20 Euro kann man mit dem Aufzug auf das Skydeck fahren. Auf dem Dach ist eine 180-Grad-Aussichtsplattform auf die gesamte Promenade, die Gardens by the Bay, bis hin zu dem Hafen und dem Ozean. Die Aussicht von dem Dachgarten ist beeindruckend und das Geld auf jeden Fall wert. Der höchste Swimmingpool

Das Einkaufszentrum im Marina Bay Hotel

Die Promenade Singapurs: Der Blick auf das Wahrzeichen der Stadt, im Hintergrund das Kunstmuseum, das Marina Bay Sands Hotel, das Riesenrad und das Fußballstadion

der Welt und wahrscheinlich auch einer der coolsten der Welt mit Blick auf die Promenade Singapurs steht auch auf diesem Dachgarten. Er ist aber leider nur für Hotelgäste bestimmt.

Die grandiose Aussicht in unserem Gedächtnis gespeichert nahmen wir den Aufzug nach unten und wanderten in die nahe gelegenen Gardens by the Bay, die wir bereits von der Aussichtsplattform entdeckt hatten. Der botanische Garten wurde erst 2012 fertiggestellt. In den Gärten sind auch zahlreiche Supertrees gebaut, diese werden am Abend beleuchtet. Die Gärten sind wunderschön und groß. Einige Supertrees kann man besteigen und die Aussicht von oben über die Gärten genießen. Da es bald zu regnen begann, gingen wir in das Kunstmuseum an der Promenade, wo eine freie Ausstellung von Karl Lagerfeld gezeigt wurde.

Der Blick auf die Gardens by the Bay und die Supertrees

Der Blick auf die Skyline von der Promenade ist der Wahnsinn. Neben dem Kunstmuseum steht noch ein Fußballfeld im Wasser, die Tribüne ist auf der Promenade, cool. Da würde ich auch mal gerne ein Fußballmatch machen. Ein Riesenrad, der Singaporeflyer steht nicht allzu weit von der Promenade entfernt. Da der Monsun sich von der besten Seite zeigte und es, wie aus Eimern schüttete, haben wir uns entschieden nicht zu dem Singapore Flyer hinzulaufen, da die Weitsicht sowieso schlecht war. Das muss wohl der Nordostmonsun sein, von dem ich schon gelesen habe. Auf dem Weg zurück fielen uns weiße Kugeln in dem Wasser der Promenade auf. Die Leute können hier ihre Wünsche auf diese weißen Kugeln schreiben. Zu Silvester werden diese dann in die Luft schweben, damit auch alle Wünsche sicher in Erfüllung gehen.

Nach einer super Nacht mit dem Gemüsemann unter mir – ich schlief fest, traumlos, und erquickend - nutzten wir unseren letzten Tag in Singapur, um die berühmte Orchard Road abzulaufen. Singapur ist ja bekannt als Shopping Mekka, aber was wir auf dieser Straße erlebten, übertraf alle meine Vorstellungen. Sie ist 2,5 km lang und es reiht sich ein Einkaufszentrum neben das andere. Die Einkaufszentren sind meistens mit der U-Bahn verknüpft, sodass kein Weg an ihnen vorbeiführt, man muss durchlaufen. Sie sind so groß, dass man sich darin verlaufen kann oder Tage darin verbringen könnte. Alle Leute die nach Singapur kommen müssen verdammt viel einkaufen sonst könnte das System nicht funktionieren, unglaublich. Zwischen den Einkaufszentren bieten natürlich andere Läden wie Gucci, Prada in zum Teil dreistöckigen Gebäuden ihre Ware an. Das muss man mal gesehen haben. Wir verbrachten einige Stunden auf der Straße und glaubt mir, man könnte hier eine Woche verbringen und würde es nicht schaffen jeden Laden anzuschauen. Das größte Einkaufszentrum ist das Vivo City. Darin sind das größte Kino der Insel, ein riesiger Foodcourt mit internationalen Küchen aus aller Welt und unendlich viele Geschäfte. Auf dieser Straße ist bestimmt für jeden etwas dabei. Lasst die Kreditkarte glühen.

Das Vivo City Einkaufszentrum in der Orchard Road

Am Nachmittag fuhren wir noch von der Orchard Road mit der U-Bahn zu der Station von Sentosa. Wir wollten eigentlich nur die Jewel Seilbahn anschauen, die zur Freizeitinsel Singapurs führt. Zuerst mussten wir aber wieder mal den Weg raus durch ein riesiges Einkaufszentrum finden. Ein echtes Labyrinth kann ich euch sagen. Von der Aussichtsplattform des Einkaufszentrums genossen wir dann den Sonnenuntergang mit Blick auf die Seilbahn und das Meer. Es

Der Blick auf die Jewel Seilbahn auf die Insel Sentosa,

ging sich zeitlich nicht mehr aus, um auf die Insel zu fahren. Aber Sentosa soll auf jeden Fall eine Fahrt wert sein. Die Insel lockt mit zahlreichen Attraktionen für die Touristen wie z.B. die Underwater World, Marine Life Park, Palawan Strand, Tanjong Strand, Universal Studios, Skyline Luge zahlreichen Pubs und Bars und vieles mehr. Für einen Strandtag in Singapur kombiniert mit ein bisschen Action ist die Insel sicherlich gut geeignet.

Den Sonnenuntergang mitgenommen fuhren wir mit der U-Bahn zu dem Clarke

Der Clarke Quay

Quay, einen belebten Hafen in der Stadt, an dem am Abend viele Restaurants, Bars und Pubs die Leute anziehen. Der kleine Hafen ist am Abend ein beliebtes Ziel, er ist belebt und die Atmosphäre dort ist wunderbar. Das Abendessen bestellten wir in einem Restaurant in der Mitte des Clarke Quay, wo Wasseranlagen und Farbspiele das Zentrum erst zu einem Vergnügungszentrum machen.

Spät am Abend machten wir auf dem Rückweg noch kurz Halt an dem berühmten Raffles Hotel, das seit dem Jahr 1987 als Nationaldenkmal zählt. Es wurde 1887 von vier armenischen Brüdern im Kolonialstil errichtet und nach dem Gründer Singapurs Raffle benannt. Es ist bekannt für seine luxuriösen Zimmer, seine Geschichte und auch der letzte Tiger Singapurs wurde hier getötet. Ein interessantes Museum über die Geschichte des prunkvollen und historischen Hotels kann man nur tagsüber besichtigen.

Das Raffles Hotel

Den Inselstaat sollte man sich in der Asientour ganz dick anstreichen, Singapur hat uns gut gefallen, den Touristen wird viel geboten.

Am nächsten Tag fuhren wir dieselbe Tour zurück nach Kuala Lumpur. Ein Tipp: Bucht den Bus schon in Kuala Lumpur, falls ihr das Reisedatum kennt, da bekommt ihr einen besseren Preis als in Singapur.

Cameron Highlands

Nach einer Nacht in Kuala Lumpur in unserer geliebten Matahari Lodge führte uns die Reise am nächsten Tag in die Cameron Highlands. Das Ticket buchten wir wieder in der Puduraya Central Busstation. Die Busfahrt dauerte 4,5 Stunden und führte uns am Ende über eine enge Straße auf das Hochplateau der Cameron Highlands. Der Busfahrer musste vor jeder Kurve hupen, damit es auch ja zu keiner Kollision kam. Um ehrlich zu sein, kam ich ein bisschen ins Schwitzen während der Fahrt, obwohl die Klimaanlage auf Kühlschranktemperatur eingestellt war. Die Cameron Highlands liegen auf 1500 Meter Meereshöhe, deshalb ist das tropische Klima hier recht angenehm mit 20 Grad tagsüber. Die Ortschaft in der wir haltmachen ist Tanah Rata. Da wir uns jedoch in der Monsunzeit befinden, regnet es hier jeden Tag ein paar Stunden.

Am ersten Tag erkundeten wir den Ort, organisierten die Tour für den nächsten Tag und erholten uns von den Strapazen der letzten Tage in unserem Hostel, das Camellia Budget Inn. Das Hostel ist ganz ok und günstig mit freiem Internet. Am nächsten Tag startete unsere Tour früh morgens. Unser Tourguide war ein alter

Mann aus Malaysia. Der war echt goldig, er wollte uns alles über sein Land und die Cameron Highlands erzählen und war supersympathisch. Er meinte, dass wir ihn doch Money nennen sollen, also wie Geld. Money führte uns zuerst in eine Schmetterlingsfarm, wo auch Schlangen in Terrarien zu beobachten waren. Recht interessant, es gab so viele verschiedene Schmetterlinge zu sehen, die zum Teil riesengroß waren und ich noch nie zuvor in meinem Leben gesehen habe. Anschließend fuhren wir mit dem Bus hoch zu den Teeplantagen.

Ein Schmetterling in der Schmetterlingsfarm

Das Klima ist ideal für den Anbau der Teepflanzen. Die Landschaft ist unbeschreiblich schön mit hohen sanften Hügeln, die komplett von Teepflanzen bewachsen sind. Natürlich waren die Engländer in der Kolonialzeit für den Tee-Anbau hier verantwortlich und ließen sich in dieser wunderschönen Gegend nieder. Die Teepflanzen sind zum Großteil noch von dieser Zeit erhalten.

William Cameron entdeckte das Hochland 1885. Seit 1925 dienten die Cameron Highlands als Ferienresidenz für die Engländer und einige von ihnen ließen sich hier auch nieder. 1929 wurde die Teefabrik Boh Tea Estates, eine der wichtigsten Teeplantagen der Welt, gegründet und die großen Teeplantagen angelegt.

Der Blick auf die Teeplantagen

Money erzählte uns, dass früher hauptsächlich Frauen für die schwere Arbeit eingesetzt wurden, während jetzt vor allem Männer für die kraftaufwendige Arbeit verantwortlich sind. Der Besuch in der Boh Teefabrik war kurz, nur fünf Minuten um genau zu sein. Deshalb war es interessant, dass Money so enthusiastisch und mit Freude darüber erzählte. Es werden in der Umgebung auch Erdbeeren, Spargel und Äpfel angebaut.

Nach der Teefabrik fuhren wir hoch zu dem Mount Brinchang. Die höchste Straße in Westmalaysia führt hoch bis zu dem 2032 Meter hohen Berg. Hier steht ein Aussichtsturm, von dem man die grandiose Sicht über die Cameron Highlands genießen kann. Nach dem Mount Brinchang wanderten wir noch rund zwei km durch den Mossy Forrest. Aufgrund des Klimas mit niedrigen Wolkenbänken und des Monsuns der Regenzeit ist dieser Wald von Moos überwachsen und nass. Er bietet Lebensraum für viele seltene Tiere wie z. B. Schlangen. Der Wald soll einer der ältesten der Welt sein und Money gab sich jede Menge Mühe, uns jede Pflanze genauestens zu erklären, mit Wirkung und Nebenwirkung wohlgemerkt.

Er meinte auch, dass sein Hund hier vor einigen Jahren von einem Tiger gefressen wurde, aber heute gebe es keine Tiger mehr..

Der Mossy Forrest   *Die Aussicht von der Spitze des Mount Brinchang*

Am Nachmittag waren meine Freundin und ich alleine mit Money unterwegs, wir besuchten ein Dorf, in dem immer noch Ureinwohner ihren Lebensstil wie vor Hunderten von Jahren pflegen. Money meinte, dass die Bewohner Malaysias stolz auf ihre Eingeborenen sind und sie deshalb hier in den Regenwäldern immer noch wie früher wohnen und jagen können. Die Kinder besuchen die Schule und einige von ihnen erlernen auch einen zivilisierten Beruf, während viele jedoch lieber das traditionelle Leben bevorzugen. Money ist in dem Dorf der Eingeborenen als Candy-Man bekannt. So strömen zahlreiche Kinder aus den Häusern und Money wirft ihnen Süßigkeiten zu. Früher wohnten die Menschen noch in kleinen Holzhäusern, jetzt haben sie ein Dach über dem Kopf, lacht er. Die Eingeborenen erklärten uns, wie man mit der Blow Pipe umgeht. Ein Rohr, in das man Watte steckt und einen Giftpfeil, um auf die Jagd zu gehen. Nachdem wir die Zielscheibe mit dem Giftpfeil sofort getroffen haben, waren die Eingeborenen beeindruckt und gratulierten uns. Ein Eingeborener meinte, dass sie nur noch zum Spaß jagen

Mein erster Blowpipe Versuch, Money im Hintergrund und die Eingeborenen des Dorfes auf der linken Seite   *Der Blick über das Dorf der Eingeborenen*

und heute Abend wollen sie einen Affen für das Abendessen erlegen. Was für eine kulturelle Bereicherung, die Tour mit Money war kaum zu toppen, dachte ich!

Am Ende wollte uns Money noch zeigen, wo er früher immer schwimmen ging. Er führte uns zu einem Fluss in dem Regenwald. Da jetzt viel Müll entlang des Flusses liegt und das Wasser nicht mehr so sauber ist wie früher war er traurig. Er meinte, dass sein Paradies hier langsam verschwindet. Der Monsun setzte wieder ein, es regnete wie aus Eimern! Da verabschiedeten wir uns von Money und dankten ihm recht herzlich für den super Einblick in die Welt der Cameron Highlands. Ein absolutes Muss, wenn ihr mich fragt. Macht die Tour auf jeden Fall mit Money, wenn er noch da ist.

Es gibt auch noch eine zweite Tour in den Cameron Highlands, wo man sich in dem Regenwald auf der Suche nach der Rafflesia Blume begeben kann, diese Blume bildet die größten Blüten in der Pflanzenwelt. Wenn ihr also mehrere Tage hier verbringt, dann begebt euch auf die Suche.

Penang
Eigentlich wollten wir ja von den Cameron Highlands direkt nach Thailand fahren, aber ein Freund von mir, der übrigens Thailand Experte ist, war der Meinung, dass Penang und Langkawi, zwei Inseln in Malaysia auch eine Reise wert sein könnten. Also buchten wir die Busfahrt nach Penang.

Der Bus startete direkt neben dem Hostel auf dem Busbahnhof, die Fahrt war auch recht interessant und dauerte rund fünf Stunden, der Bus war super. Von dem Festland Malaysias führt die 13,5 km lange Penangbrücke auf die Insel. Die Fahrt über die Penangbrücke durch den Indischen Ozean war schon einmal Weltklasse. Hätte ich nicht so dringend auf die Toilette gemusst und wäre nicht ein kilometerlanger Stau vor uns gewesen, der mich zur Verzweiflung brachte, dann hätte ich die Fahrt auch richtig genießen können. Als ich mich damit abgefunden habe, dass ich es nicht mehr halten kann, trafen wir aber Gott sei Dank endlich in dem Zentrum von George Town ein und alles fand ein gutes Ende.

Penang liegt an der Westküste Malysias, George Town ist die Hauptstadt der Insel mit rund einer halben Million Einwohner und gehört zu dem UNESCO-Weltkulturerbe. Viele britische Bauwerke sind noch heute Zeuge davon, dass die Insel ein Hauptstützpunkt der Kolonisation war. Vor allem der Hafen war für die Briten von zentraler Wichtigkeit.

Als wir zu Fuß unseren Weg zu dem Hostel bestritten, wurden wir von vielen Leuten angesprochen, ob wir eine günstige Unterkunft suchen. Ein Inder wollte uns sogar zu dritt samt Gepäck auf einem Scooter zu seiner Unterkunft fahren. Diese Mitfahrgelegenheit haben wir aber dankend abgelehnt.

Auf dem Weg zu dem Hostel haben wir uns mehrmals verlaufen, und sind an interessanten Gebäuden von der Kolonisation, buddhistischen-chinesischen und hinduistischen Tempeln, Kirchen und Moscheen vorbeigelaufen. Wäre es nur nicht so brütend heiß gewesen.

Endlich am Hostel angekommen, in dem Little India Viertel schon wiedermal, begrüßte uns schon ein zerzauster Inder. Seine Haare waren kreuz und quer und er brachte sicher nicht mehr als 40 Kilogramm auf die Waage. Er gab uns den Zimmerschlüssel und eine Stadtmappe, ganz nebenbei hat er uns erklärt was wir die nächsten drei Tage zu tun haben und wo wir essen sollen. Seine Tipps waren nicht schlecht, aber er war schon irgendwie total verrückt! So etwas habe ich noch nicht gesehen, wie aufgeregt er uns alles mit seiner krächzenden Stimme eintrichterte. Viele Leute haben zu ihm wohl schon gesagt, dass er verrückt sei, aber er meint es doch nur gut mit den Menschen sagte er am Ende.

Am ersten Tag sind wir schon einmal fast alle Sehenswürdigkeiten der UNESCO Weltkulturerbe Stadt abgelaufen. Sie sind in der Stadtmappe mit einer kurzen Beschreibung angeführt. Wir starteten an der Clock Tower, einem 18 Meter hohen Uhrenturm der 1897 zum Diamanten-Jubiläum von Queen Victoria erbaut wurde. Danach gingen wir zu der Cathedral of the Assumption (r.k.), der ältesten Kirche in Penang mit einer Kuppel, die weiß erstrahlt. Die Queen Street ist die Hauptstraße der Stadt, hier gibt es verschiedene Läden und Restaurants, wo man auch mal verschiedenste asiatische Gerichte ausprobieren kann. Penang ist ja bekannt für das außergewöhnlich gute Essen, auch Money hat uns in den Cameron Highlands schon dazu geraten. Eine kleinere Straße ist die Cannon Street mit zahlreichen Cafés, auch Tempel kann man hier besichtigen. Die Lebuh Pantai Straße ist die Bankenstraße von Georgetown, die Gebäude auf der Straße stammen noch aus der Kolonialzeit und haben deshalb einen britischen Baustil. In der Stadt gibt es wirklich allerlei zu sehen und erkunden, nehmt euch einfach die Stadtmappe und lauft alles zu Fuß ab, es lohnt sich.

Am nächsten Tag fuhren wir früh morgens mit dem Bus zu dem Kek Lok Si Tempel in Air Itam, um zu dem Tempel zu gelangen, muss man zuerst von der Bushaltestelle eine bewegte Marktstraße durchlaufen. Dann führt der Weg einen Hügel hoch. Der Kek Lok Si Tempel war mit Abstand der schönste und größte Tempel, den wir auf unserer Reise gesehen haben, er ist einer der größten buddhistischen Tempel in Südostasien und der größte von Malaysia. Kein Wunder, dass die Bauzeit von 1890 bis 1910 rund 20 Jahre dauerte. Der Tempel ist allerdings noch lange nicht fertig, durch Spenden wird er immer weiter

Die Kuan Yin Statue,

gebaut. So wurde erst im Jahr 2002 eine 30 Meter hohe Bronzestatue angefertigt, die Statue der Kuan Yin. Die Statue prägt gemeinsam mit der Pagode der zehntausend Buddhas das Erscheinungsbild des Tempels.

Der Blick vom Tempel auf die Stadt Georgetown

Die Pagode ist siebenstöckig und ebenfalls dreißig Meter hoch, sie vereinigt sowohl chinesische als auch thailändische und burmesische Architektur in sich. In dem Tempel gibt es unzählige große lang gezogene Räume mit goldenen Statuen und der Tempel ist einfach gigantisch groß. Im Freien sind Pflanzen angebaut, Statuen stehen auf vielen Dächern und Abertausende Lampions hängen zwischen den Wänden.

Den Kek Lok Si Tempel muss man sich anschauen, wenn man in Penang ist. Auch auf dieser Insel fasziniert mich wie in Kuala Lumpur, dass die Leute unterschiedlichster Religionen und Herkunft so nahe und friedlich miteinander leben und ihren Glauben ausleben können. In dem Tempel ist man als Tourist herzlich willkommen und der Eintritt ist kostenlos.

Blick auf die Pagode der zehntausend Buddhas

Goldstatuen in den großen Räumen des Tempels

Nach dem Besuch des Tempels gingen wir zu Fuß zu der Penang Hill Talstation. Der Weg dorthin war länger als angenommen, deshalb nehmt lieber den Bus. Von der Talstation aus führt eine Bahn hoch auf den Penang Hügel, dieser ist 735 Meter hoch. Auf dem Berg selbst sind einige Hotels, eine Moschee, ein hinduistischer Tempel, ein Dinosaurier Museum und jede Menge Restaurants. Für die Leute werden auch Shows angeboten, als wir da waren, bot eine Frau eine supergefährliche Feuershow. Ach ja, Affen sind auch auf dem Berg, es wimmelt nur so davon. Das Beste an dem Hügel ist allerdings die Aussicht auf Georgetown, das Meer und die lange Penangbrücke zwischen Insel und Festland. Während wir die Aussicht auf Georgetown genossen und den Sonnenuntergang beobachteten liefen in der Bar Weihnachtslieder. Total komisch, wenn man weiß, dass zu Hause gerade Schnee liegt und bald der Weihnachtsmann kommt, während man bei tropischem Klima auf den Regenwald blickt. Den Penang Hill mit seiner Aussicht über die Insel kann ich euch nur weiterempfehlen. In Kombination mit dem Kek Lok Si Tempel ist es ein perfekter Tagesausflug.

Blick auf Georgetown von dem Penang Hill

Die Hindu Statue am Gipfel des Penang Hill

Einer der zahlreichen Affen bei seiner Lieblingsbeschäftigung

Während wir mit der Penang Hill Bahn wieder nach unten fuhren, unterhielt ich mich kurz mit einem jungen Malayen. Er wollte unbedingt wissen, wie es sich anfühlt, wenn es verschiedene Jahreszeiten und Temperaturen gibt. Da fiel mir erst auf, dass wir ja seit gut einer Woche nahe am Äquator unterwegs sind und hier das ganze Jahr dieselben Temperaturen herrschen. Wie schön doch die Jahreszeiten bei uns zu Hause sind. Er war beeindruckt als ich ihm von dem Winter mit Schnee, Frühling mit den Blumen und Vögeln, Sommer mit hohen

Temperaturen in Kombination mit Bergsteigen und Mountainbike und Herbst mit den fallenden Blättern und sinkenden Temperaturen erzählte. In Zukunft will er dies auch einmal erleben.

An unserem letzten Tag in Penang nahmen wir den Bus zu dem Penang National Park. Bevor wir unsere Wanderung gestartet haben, wurde erst mal ordentlich gefrühstückt. Direkt vor dem Eingang zu dem Nationalpark bieten die Einwohner ihre einheimische Küche an. Verdammt lecker. Dann ging es los, wir wanderten durch den Regenwald. Wie in den Blue Mountains gibt es auch hier Singzikaden, aber die klingen wieder total anders als in den Blue Mountains. In den Bäumen hängen überall riesengroße Spinnen in ihren Netzen und es war verdammt heiß.

Der Weg führte bis auf die Nord-Östliche Seite der Insel gut zwei Stunden zu Fuß. Kurz vor dem Pantai Kerachut Strand kam uns ein Engländer entgegen der total verschwitzt war. Er meinte, dass wir nicht auf die Leute da hören sollen, da die einem mit Absicht den falschen Weg ansagen. Deshalb sei er lange herumgeirrt, hat jetzt kaum noch Trinkwasser und muss aufpassen, den Weg heil zu schaffen. Der Typ war am Ende würde ich sagen, wir wünschten ihm auf jeden Fall einen guten Rückweg und setzten unbeirrt unsere Wanderung fort.

Der Meromictic Lake

Bevor wir zu dem Strand gelangten, überquerten wir den berühmten Meromictic Lake. Das Besondere an diesem See ist, dass das Meerwasser und Frischwasser von den Flüssen sich nicht wirklich vermischt. Da das Meerwasser eine höhere Densität aufweist, liegt es auf dem Grund. Das Frischwasser liegt oben. Das kältere Frischwasser ist also oben und das wärmere Meerwasser unten. Normalerweise müsste es sich vermischen. Zwischen April-Mai und Oktober-November, also während der Monsun die Richtung wechselt, bildet sich der See. Den Rest des Jahres bleibt der See trocken und sieht aus wie eine Savanne. Trotzdem leben auch in diesen Monaten zahlreiche Lebewesen in der Erde. Wir haben schon Mitte Dezember und der Wasserstand ist niedrig. Der neben dem See gelegene Pantai Kerachut Strand soll der schönste Strand von Penang sein. Wir machten hier erst mal eine kurze Pause unter den Palmen um ein bisschen abzukühlen bei der Hitze. Falls man müde sein sollte, kann man sich von dem Strand auch per Schiff zurückfahren lassen.

Nehmt euch auf jeden Fall die Schwimmsachen mit, wir hatten sie leider vergessen. Der Weg zurück war derselbe, nur dass wir eine Viertelstunde vor der Ankunft eine lange und schmale Hängebrücke durch den Dschungel überqueren, eine Abkürzung um zu dem Monkey Beach Weg auf der anderen Seite der Insel zu gelangen. Für umgerechnet zwei Euro kann man die Hängebrücke auf dem Weg überqueren, das rentiert

Der Strand von Pantai Kerachut

sich auf jeden Fall, so sieht man den Jungle und die Bäume mit all den Tieren mal von oben. Zudem ist auf der Brücke für Action gesorgt, da sie zwar gut gesichert ist aber ordentlich wackelt. Probiert mal rüber zu kommen, ohne euch mit den

Eine der Riesenspinnen in den Bäumen   *Die Hängebrücke über den Jungle*

Armen festzuhalten.

Wieder auf der anderen Seite der Insel angekommen in Teluk Tukun, führt der Weg entlang des Meeres durch den Jungle über riesige Steine und steile Wege entlang von schönen Stränden. Überall liegen Kokosnüsse herum. Während der Wanderung habe ich immer wieder auf den Boden geguckt, um den Kontakt mit Schlangen und ähnlichen Tieren zu vermeiden. Doch als ich kurz durch ein Motorboot abgelenkt wurde, wäre es beinahe passiert! Meine Freundin hat mich im letzten Moment zurückgehalten. Ich richtete meinen Blick nach unten. Da spürte ich, wie das Adrenalin meine Ader durchzog. Eine Riesenechse war nur wenige Zentimeter vor mir, ich hätte beinahe draufgetreten. Cool bleiben ist mit einer

Der Bindenwaran der uns den Weg versperrt

Überdosis Adrenalin nicht einfach. Wir machten ein paar Schritte zurück. Ein Krokodil sieht anders aus. Es sieht nach einem aggressiven Komodowaran aus. Nein, Komodowarane gibt es ja nur auf einer Insel in Indonesien und sicher nicht in diesem Nationalpark. Da fiel mir ein, dass ich etwas über Bindenwarane gelesen habe. Hier wurden diese Amphibien in Wasser und an Land, von Touristen gesichtet. Die sollten eigentlich für Menschen ungefährlich sein. Was für ein Zufall, dass sich der Bindenwaran genau auf den Wanderweg gelegt hat, um eine Pause zu machen. Ich schätze mal, dass er mit Schwanz gut 3,5 Meter lang war und noch dazu stark gebaut. Wir begutachteten uns eine Weile, es war totenstill. Durchaus streckte er seine Zunge aus dem Mund, wie eine Schlange. Während ich das Foto mache, beginnt er seelenruhig den Dschungel hochzuwandern und macht uns den Weg frei. Weiter geht's! Mit der Begegnung hätte ich wirklich nicht gerechnet. Also für Action auf den Wanderwegen ist durchaus gesorgt.

Gut eine Stunde dauerte der Weg bis zu dem Monkey Beach, wo uns eine Armee von Affen in Empfang nahm. Der Strand ist wunderschön, viele Palmen und große von Dschungel bewachsene Hügel im Hintergrund, ein schönes Meer lädt zum Baden ein und die Einheimischen verkaufen an Ständen Essen und Trinken. Es waren viele Backpacker

Die Ankunft an dem Monkey Beach

hier aus aller Welt. Man kann sich gemütlich in eine Hängematte legen, den Affen beim Klettern und Spielen zusehen und die Strandatmosphäre genießen. Wer will, kann von dem Monkey Beach aus noch eine Wandertour zu dem Leuchtturm machen. Da es aber schon spät war, blieben wir lieber noch eine Weile auf dem Strand und chillten in den Abend. Zurück fuhren wir dann gegen eine kleine

Gebühr mit einem Motorboot. Die Bootsfahrt entlang des Dschungels kann ich euch nach der langen Wandertour voll empfehlen.

Am Abend besuchten wir in Georgetown zum Abendessen den Red Garden Foodcourt in der Lebuh Leith Straße. In einem großen Foodcourt werden verschiedenste Gerichte aus aller Welt angeboten, auf einer Bühne treten mehrere Sänger auf die für Stimmung sorgen und die Leute unterhalten.

Schockiert war ich allerdings vom Anblick der Obdachlosen, die des Nachts auf nacktem Teer schlafen. Ähnlich wie in Kuala Lumpur. Das Blue Mansion Haus liegt in unmittelbarer Nähe und wir haben es uns auch noch angeschaut.

Die Insel Penang ist schon etwas ganz Besonderes und hat uns gut gefallen, es gibt so viele verschiedene interessante Sachen zu sehen. Von Kultur bis hin zu Strandurlaub sowie Wanderungen im Nationalpark ist für viel Abwechslung gesorgt und natürlich muss man auch die einheimischen Küchen auf den Straßen probieren.

Next Stop Langkawi

Das Ticket mit der Fähre nach Langkawi buchten wir früh morgens an dem Hafen von Georgetown. Die Fährenfahrt kostet umgerechnet 20 Euro und dauerte drei Stunden. Auf das Deck der Fähre kann man leider nicht gehen, aber wir hatten einen Fensterplatz und konnten die Fahrt voll genießen. Während alle Passagiere konzentriert auf den Horror-Film waren, der sicherlich nicht jugendfrei war, hörte man plötzlich ein Stöhnen aus dem Schacht. Die meisten guckten hilflos durch die Gegend und mussten sich mehrere Minuten anhören, wie sich ein Paar auf der Toilette die Zeit vertrieb und sich vergnügte. Lustig, wie sich die Paare gegenseitig ansahen und peinlich berührt waren. Man konnte ihnen die Verzweiflung regelrecht an den Augen ablesen.

Die Fähre legte in dem Hafen der Hauptinsel Pulau Langkawi

Blick auf den Hafen und die umgebenden Kalksteininseln

an. Um die Insel gibt es rund 100 weitere Kalksteininseln. Einige von ihnen kann man von dem Hafen aus sehen, ein wunderschöner Anblick.

Am Hafen wanderten wir erst mal eine kleine Runde und erblickten den Seeadler, Wahrzeichen Langkawis. Die Aussicht auf das Meer, die umgebenden Inseln sowie die Insel selbst ist wunderschön. In Langkawi gibt es leider keine

Der Seeadler, Wahrzeichen Langkawis

öffentlichen Verkehrsmittel. Die Taxis zählen deshalb zu den teuersten in ganz Südostasien. Das wussten wir zuvor leider nicht. Unser Hostel war in unmittelbarer Nähe des Hafens in der Stadt Kuah. An der Eingangstür zu unserem Zimmer konnte man erkennen, dass die Tür bereits des Öfteren aufgebrochen wurde. Deshalb mein Tipp: Bucht euch lieber ein teureres Hostel oder Hotel am Cenang Beach im Westen der Insel. Sonst müsst ihr das Geld, das ihr am Hostel spart für Taxifahrten ausgeben und verliert zudem kostbare Zeit.

Den restlichen Tag verbrachten wir erstmal in Kuah, wo am Abend ein riesiges Festival mit kilometerlangen Märkten stattfand. Im Amphitheater des Hafens führten verschiedene Künstler Feuershows und Akrobatik-Einlagen vor, ein Freizeitpark wurde ebenfalls errichtet. In dem Meer war eine Bühne mit Lasershow, auf der mehrere Sänger auftraten. Ein super Abend mit traditionellen Künstlerauftritten und einheimischer Küche.

Am nächsten Tag nahmen wir uns ein Taxi und fuhren zu dem berühmten Oriental Village, von wo aus die Seilbahn auf den Gunung Mat Cincang startet, den zweithöchsten Gipfel der Insel. Als wir das 7-Euro-Ticket kauften, war noch

Der Blick von der ersten Haltestation der Seilbahn über den Regenwald auf das Oriental Village und das Meer *Ausblick während der Seilbahnfahrt auf den Regenwald und die Gipfel Langkawis*

strahlender Himmel. Leider zog nach der Wartezeit von gut einer Stunde Nebel über den Gipfel. Die Seilbahnfahrt führte über den dichten Dschungel Langkawis und mehrere Wasserfälle, die Seilbahn ist eine der steilsten Seilbahnen der Welt. An guten Tagen kann man im Norden bis nach Thailand und im Süden bis nach Indonesien sehen haben wir gelesen. Das war natürlich unsere Motivation. Leider hatten wir kein Glück und der Nebel auf dem Gipfel versperrte uns die sicher einzigartige Sicht. Auf dem Gipfel befindet sich eine Panoramabrücke, die über die Regenwälder hinausragt und eine geniale Sicht verspricht, diese war jedoch gesperrt, wegen Wartungsarbeiten. Falls ihr einen super Tag erwischen solltet und die Brücke geöffnet wäre, dann nix wie hoch auf den Berg, vielleicht habt ihr mehr Glück als wir.

Da sich das Wetter nicht besserte, fuhren wir wieder herunter in das Oriental Village. Das Dorf ist mit einem See und vielen Brücken zwar ganz schön, aber zu 100 Prozent touristisch angelegt. Es lockt mit Souvenirläden und westlichen Aktivitäten wie Ziptrek, 6D Kino, Segway, Quad Bahn und Restaurants. Also kein Platz, wo die Einwohner der Insel gerne hingehen würden oder der etwas mit ihrer Kultur zu tun hätte. Das fand ich ein bisschen schade.

Von dem Oriental Village wanderten wir 25 Minuten zu dem Seven Wells Wasserfall, einen der schönsten Wasserfälle der Insel. Bis man zu dem Wasserfall gelangt, muss man zuerst mehrere hunderte Stufen hochsteigen, was einem bei der Hitze nicht gerade leicht fällt. Der Wasserfall war sehenswert, unterhalb findet man ein Felsplateau, auf dem man sich hinsetzen kann und mehrere natürliche Becken laden zum Schwimmen ein. Auf Warnschildern wird jedoch informiert, dass das Wasser von Bakterien befallen sein kann und man nicht mit den Ohren eintauchen sollte. Das Wasser kommt ja direkt von dem Regenwald, deshalb haben wir vorsichtshalber darauf verzichtet. Dennoch ein schöner Platz und wenn man nicht in Zeitnot ist, sollte man ihn auf jeden Fall mitnehmen.

Das Felsplateau mit den kleinen Wasserbecken

Der Seven Wells Wasserfall

Die muslimische Frau, die ihr im rechten Bild im Hintergrund sehen könnt, wäre fünf Minuten später beinahe von einem Felsen gefallen. Sie wollte meine Hilfe leider nicht annehmen, da ich ein Mann bin und mit ihren Glaubensregeln leider keine Erfahrungen habe. Gott sei Dank hat sie die Hilfe von meiner Freundin dankend angenommen und alles heil überstanden.

Nach dem Wasserfall nahmen wir ein Taxi von dem Oriental Village und machten Halt an dem Telega Harbour, ein kleiner Hafen mit super Restaurants. Wir entschieden uns für das Tapaz Restaurant, der Betreiber ist ein Deutscher, der nach Malaysia ausgewandert ist. Die Atmosphäre an dem Hafen ist fantastisch und das Essen war lecker. Ein idealer Ort um den schönen Tag gut ausklingen zu lassen.

Die letzten zwei Tage wollten wir dazu nutzen um die schönsten Strände der Insel zu testen. Dazu fuhren wir am nächsten Tag mit dem Taxi zu dem Tanjung Rhu Beach im Norden der Insel. Die Taxifahrt dauerte gut 20 Minuten. Der Traumstrand war menschenleer, kaum zu glauben aber wahr, je weiter wir den Strand Richtung Osten liefen umso schöner wurde er. Am Strand stehen schöne Bungalows und kleine Hotels, superweißer sauberer Sand, Palmen und der Blick auf Kalksteininseln in dem Ozean. Ein Traum.

Der Blick auf das Meer und die nahe gelegenen Kalksteininseln

Der Blick von dem Strand auf die Bungalows und die Insel

Nehmt euch was zu essen mit, denn Restaurants und Cafés konnten wir auf dem Strand keine sichten. Nachdem wir einige Stunden am Strand verbrachten, entschieden wir uns dazu auch noch ein Stück in den Osten zu wandern. Hier bat uns allerdings ein Bild des Grauens. Ein Fluss der in das Meer fließt mit ringsum Müll versperrte uns den Weg. Eigentlich wollten wir ja bis zu dem berühmten Black Sand Beach laufen, aber nach dem Anblick haben wir es uns anders überlegt, da wir nur die Flip Flops getragen haben.

Der Weg zurück nach Kuah gestaltete sich schwierig, kein Taxi war in Sicht. Wir gingen erst mal die Straße entlang, als wir an Häuser vorbeiliefen, wo im Garten Feuer brannte und uns manche Einwohner mit böse Blicke zuwarfen wurde uns ein wenig unwohl. Doch dann kam zufällig ein Taxi vorbei und nahm uns mit. Alles noch mal gut gegangen!

Am letzten Tag auf Langkawi fuhren wir zu dem touristischen Pantai Cenang Strand. Hier war schon mehr los als in Tanjung Rhu. Der Ort ist voll mit Restaurants und Shops sowie Backpacker Hostels und Hotels. Je weiter man an dem Strand Richtung Westen wandert umso schöner wird er und umso luxuriöser werden die Ferienanlagen und Bungalows.

Auch vor dem Pantai Cenang Strand sind wieder schöne Inseln zu beobachten, hin und wieder fliegt ein Flugzeug vorbei, da der Flughafen nicht allzu weit entfernt ist. Auf dem Pantai Cenang Beach sind auch Schilder zu finden die vor Quallen

Der Pantai Cenang Strand am Nachmittag ...

... und bei Sonnenuntergang mit Blick auf das Meer

warnen, darunter ist leider auch die Jelly Box Fish Qualle. Die Würfelqualle, von Australien angetrieben, sondert per Stich ein Nesselgift ab, das tödlich sein kann. Die Gefahr wird in Malaysia bislang noch unterschätzt. Es gab in den letzten Jahren einige Todesfälle auf Langkawi. Uns ist aufgefallen, dass die Leute, vor allem die Einheimischen nur zu einer bestimmten Zeit in das Wasser gehen. Ich würde sagen der Strand ist auch wunderschön und ideal für Backpacker, da viel los ist. Würde man jetzt einen romantischen Flitterwochenurlaub planen, dann wäre eher der Tanjung Rhu Strand das Richtige.

Langkawi eine superschöne Insel, aber teurer als der Rest Malaysias und ohne öffentliche Verkehrsmittel. Doch dafür gibt es auch wunderschöne Strände und Regenwälder.

Thailand – Krabi

Da in den nächsten zwei Wochen Weihnachtsferien sind, waren auf den meisten Inseln im Süden Thailands wie z. B. Koh Lipe und Koh Phi Phi schon die besten Unterkünfte voll ausgebucht. Deshalb entschieden wir uns dazu, nach Krabi zu fahren, eine Freundin hat uns diesen Ort empfohlen. Unsere Reise nach Krabi in Thailand haben wir wieder selbst günstig im Internet gebucht. Früh morgens fuhren wir mit der gebuchten Fähre (10 Euro) von dem Hafen Langkawis in einer Stunde und 15 Minuten nach Satun in Thailand. Die Einreise in Thailand war problemlos und wir erhielten ein Visum für einen Aufenthalt von einem Monat. In Satun schickte uns der Busfahrer erst mal auf ein Tuk Tuk. Mein Koffer wurde an das Tuk Tuk mit einem Seil angebunden. Nach einigen Kilometern Fahrt kamen wir zu dem Busbahnhof, von wo aus unser Bus nach Krabi startete. Die Fahrt dauerte sechs Stunden und war recht entspannend, bis auf den verrückten thailändischen Verkehr, aber dazu später mehr.

Die Fahrt mit dem Tuk Tuk zu dem Busbahnhof in Satun

Als wir an der Busstation in Krabi ankamen, mussten wir noch ein Tuk Tuk zu unserem Hotel nehmen. Das Thai Hotel in Krabi hat ein gutes Preis-Leistungs-Verhältnis, liegt zentral, nahe an dem berühmten Nachtmarkt und an dem Krabi River, von wo aus man mit dem Boot auf die Halbinsel Rai Leh fahren kann. Da der Tourismus in den Weihnachtsferien groß ist und auf den Inseln die besten Angebote schon weg waren haben wir uns eben für diese preisgünstige Variante in Krabi entschieden. Ich finde es war nicht die schlechteste Entscheidung, denn in Krabi gibt es auch einige Sehenswürdigkeiten zu sehen und auf die Inseln gelangt man tagsüber bequem mit den Long-Tail Booten. Auch Touren auf die weiter entfernten und ausgebuchten Trauminseln sind von Krabi ausgehend für einen guten Preis möglich. Deshalb war es jetzt nicht schlimm, dass wir in Krabi geblieben sind. Natürlich ist in den Reisezeiten mit weniger Touristen eine super Unterkunft auf einer Trauminsel gegen einen geringen Preis zu empfehlen.

An unserem ersten Tag fuhren wir mit einem Longtail Boot nach Rai Leh, dieser Ferienort und die Strände sind nur mit dem Boot zu erreichen. Die Berge und der Ozean versperren den Weg für Straßen. Die Fahrt mit dem Longtail Boot dauert von dem Krabi River gut eine halbe Stunde. Die Bootsfahrt führt entlang des Flusses bis hin zu dem Meer. Auf dem Festland kann man die riesigen Hügel beobachten, typisch für Thailand, bis man schließlich in die paradiesische Bucht von Rai Leh Beach den Anker legt. Um sechs Uhr fahren die letzten Longtail-Boote zurück nach Krabi, also hat man fast den ganzen Tag in Rai Leh zur Verfügung. Rai Leh ist einer der Hotspots für Kletterer aus aller Welt, die riesigen Felswände sind ideal um den Urlaub mit dem Klettersport zu verknüpfen.

Fahrt nach Rai Leh mit dem Longtail Boot.

Die Boote von Krabi legen an der östlichen Seite von Rai Leh an, eine Menge Restaurants und Geschäfte sind hier vorzufinden. Ein Weg entlang der Felsen, durch den Regenwald, führt zu der westlichen Seite von Rai Leh, hier befindet sich einer der schönsten Strände der Welt, der Phra-Nang Beach. Massive Klippen steigen hier direkt von dem weißen Sandstrand in die Höhe, riesige Stalaktiten hingen von den Felsdecken herab. Während die Kletterer probieren, die schwierigsten Routen nach oben zu klettern, kann man sie in dem glasklaren Wasser beobachten. Kleinere Felsklippen entlang des Strandes laden zum Klippenspringen ein. Als wir da waren, war der Strand belebt, viele Touristen, vor allem Russen und Deutsche genießen hier den warmen Winterurlaub. In der Nebensaison, wenn der Strand ein bisschen ruhiger ist, muss es hier ein echtes Paradies sein.

Phra-Nang Strand

Geht man entlang des Phra-Nang Strandes auf die rechte Seite, gelangt man auf den Rai Leh West Strand, hier legen direkt nach dem Phra-Nang Strand die Long Tail Boote aus Ao-Nang an. Nach den Booten folgt ein wunderschöner Sandstrand mit Blick auf die riesigen von Jungle bewachsenen Kalksteinfelsen. Das Wasser und der Strand ist ein absoluter Traum. Ein Eingang zu dem Dorf von Rai Leh mit Restaurants, Shops und Cafés lädt zum Mittagessen oder einen Eisshake zur Abkühlung ein (da kann ich euch den Dragonfruit Shake empfehlen). Als wir da waren, wurde gerade eine Hochzeit auf dem weißen Sand des Strandes vorbereitet, ein perfekter Ort zum Heiraten. Von dem Rai Leh West Strand führt ein Wanderweg durch den Dschungel über einen steilen Weg und Felsen zu dem Ton

Der Traumstrand von Rai Leh West

Sai Beach. Entlang des Weges sind wieder zahlreiche Kletterrouten auf den steilen Felsen zu sehen. Der Ton Sai Strand ist vor allem bei Backpackern beliebt, billige Unterkünfte in Bungalows und die wunderschöne Bucht ziehen zahlreiche Kletterer und Backpacker aus aller Welt an.

Natürlich haben wir die Zeit genutzt um in den nächsten zwei Tagen auf Rai Leh jede Menge schnorcheln zu gehen und Sonne zu tanken. Aber wir haben nicht den ganzen Tag auf der faulen Haut gelegen. Von dem Weg Rai Leh Ost zu dem Phra-Nang Beach, wo übrigens Affen ihr Unwesen treiben, führt ein Wanderweg durch den Dschungel steil nach oben. Ich empfehle euch gute Schuhe anzuziehen, es war mühsam und nicht ganz ungefährlich mit meinen Flip-Flops. Der Weg führt zu einem superschönen Lookout auf einer hohen Felsenwand mit Blick auf den Rai Leh Ost Strand. Auf dem Rückweg haben wir entdeckt, dass auch ein Weg zu einer Lagune zwischen dem felsigen Gelände durch den Dschungel führt. Da musste ich natürlich hin. Auf dem Weg sind mehrere steile Felsen bergab zu klettern, ein Seil dient als Hilfe. Als ich in einer Felswand hing, rund 3 Meter über spitzen Felsen und ohne Fußkontakt, musste ich alle Kraftreserven aktivieren, um mich am Seil noch einmal nach oben zu ziehen. Der Weg zu der Lagune ist also kein Zuckerschlecken und nicht ganz ungefährlich. Aber für ein kleines Abenteuer während des Strandurlaubes geeignet, wenn ihr gut in Form seid.

Rai Leh ist in der Nebensaison mit Sicherheit ein super Ausgangspunkt für einen Thailand-Urlaub. Die Traumstrände liegen direkt vor den Bungalows und für die Weiterreise auf andere Trauminseln oder einen Tagesausflug starten die Fähren auch direkt von Rai Leh weg.

Koh Phi Phi

Als kleines Weihnachtsgeschenk haben wir uns für den 24. Dezember eine Insel-Tour nach Koh Phi Phi gegönnt. Um 08:00 Uhr wurden wir mit einem riesigen

Tuk Tuk von unserem Hotel in Krabi abgeholt und fuhren damit zu dem Ao-Nang Strand. Mit einem Speed Boot ging es zuerst Vollgas Richtung Bamboo Island. Ich persönlich habe noch nie etwas von der Insel gehört aber sie war „very marvelous". Traumstrände, klares Wasser und Korallenriffe direkt an dem Sandstrand. Das Einzige, worauf man Acht nehmen muss, sind die spitzen Steine im Meer, ich war

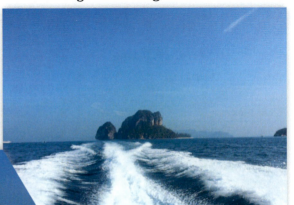
Blick von dem Speedboot Ao-Nang in Richtung Bamboo Island

vorsichtig und hab mich trotzdem in den Fuß geschnitten.

Nach einer Stunde ging es zurück auf das Boot und wir fuhren zu der Vikinger Höhle an der Ostküste der Insel Phi Phi Ley. Sie wird so genannt, weil an der Höhlenwand Schiffe gemalt sind, die den Malereien der Vikinger ähneln. Nach der Besichtigung der Höhle fuhren wir zu der Lohsama Bucht, wo wir eine halbe Stunde schnorcheln konnten. Das Schnorcheln war super,

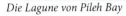
Strand von Bamboo Island

Die Lagune von Pileh Bay

Schnorcheln entlang des Monkey Beach

ein schönes Korallenriff mit unzähligen verschiedenen Fischen und Korallen in allen möglichen Farbkombinationen. Das Schnorcheln in Thailand unterscheidet sich von dem in Australien, da die Korallenriffe und Fischarten verschieden sind, wir waren begeistert. Nach der super Abkühlung und dem genialen Schnorcheln fuhren wir mit dem Boot in die Pileh Bay ein, eine wunderschöne Lagune mit glasklarem Wasser, entlang der Lagune ragen die hohen Kalksteinfelswände empor.

Der Blick auf die Maya Bay, Drehort des Films: „The Beach"

Nachdem wir die wunderschöne Lagune von Pileh Bay verlassen hatten, fuhren wir in Richtung Maya Bay auf der Insel Koh Phi Phi, der Strand an dem der Film „The Beach" mit Leonardo di Caprio gedreht wurde. Ich hätte nicht gedacht, dass ich selbst einmal auf diesem Strand stehen würde, als ich den Film im Kino gesehen habe. Der Strand selbst, mit den imponierenden Felsen ringsum ist unbeschreiblich schön. Ich muss allerdings sagen, dass unzählige Touristenboote hier angelegt haben. Es sind viel zu viele Touristen hier, aber es ist ja auch Hochsaison. In der Nebensaison soll es hier ruhiger sein. Einmal selbst hier zu stehen ist auf jeden Fall ein super Gefühl.

Nach gut 45 Minuten auf dem Maya Bay Strand fuhren wir zu dem Monkey Beach, wo wir noch einmal schnorcheln gingen, hier gab es auch ein superschönes Korallenriff zu erkunden mit anschließendem Chillen auf dem weißen Sandstrand. Die Affen werden euch auch auf diesem Strand begrüßen.

Zu guter Letzt machten wir noch Halt auf dem Strand von Phi Phi Don, wo uns ein gutes Buffet erwartete und wir noch den Tag auf dem Strand genießen konnten. Wir suchten uns ein gemütliches Plätzchen in einer Hängematte, ehe wir wieder mit dem Speedboot Richtung Ao-Nang zurückkehrten.

Eine super Tour muss ich sagen, man hat zwar nicht so viel Zeit auf den verschiedenen Plätzen, dafür sieht man aber viel und das Schnorcheln war überwältigend. Die Tourführer sprechen gutes Englisch, sind ganz sympathisch und erzählten uns noch einige Geschichten zu den Inseln und dem fürchterlichen Tsunami, der im Jahr 2004 vor allem die Insel Koh Phi Phi so schlimm heimgesucht hatte.

Insgesamt kostet die Tagestour rund 30 Euro mit dem Transfer, Buffet, Getränke auf dem Boot und Ausrüstung zum Schnorcheln inklusive. Für Asien zwar nicht wenig, aber im Verhältnis zu den teuren Preisen in Australien nicht annähernd zu vergleichen.

Den Abend genossen wir noch auf dem Ao-Nang Strand und seinen Strandbars, wo wir Weihnachten mal ganz anders feierten als normal, bei gut 30 Grad unter Palmen am Strand und ein paar Cocktails.

Unsere leckeren Weihnachts-Cocktails mit Blick auf dem Strand von Ao-Nang

Nachdem wir die Geschenke vom Weihnachtsmann alle ausgepackt hatten, fuhren wir am nächsten Tag mit dem Tuk Tuk zu dem Tiger Cave Tempel. Die Fahrt dauert nur 20 Minuten. Von dem Ausgangspunkt, wo ein riesiger Tempel und einige Geschäfte stehen, führen 1237 Stufen hinauf zu dem buddhistischen Tempel auf die Spitze des Berges. Da wir relativ gut trainiert waren, war für uns der Aufstieg kein großes Problem. Einige Leute, die wir gesehen haben, versuchten am Ende mit den Händen die Füße auf die nächste Stufe zu befördern, weil die Beine nicht mehr in der Lage dazu waren. Um den heiligen Tempel zu betreten, sollte man eine angemessene Kleidung tragen (keine kurzen Röcke, kurze Hosen oberhalb der Knie, oder ärmellose T-Shirts mit

Buddha Statue

großen Ausschnitten). Nehmt eine Flasche Wasser mit, denn man kommt leicht ins Schwitzen während des Aufstiegs und es ist brütend heiß. Am Anfang der Stufen sollte man Acht vor den Affen nehmen, die euch eventuell teure Sachen wie Handys stehlen könnten. Sie lauern auf den ersten 200 Stufen. Der Aufstieg

Aussicht von dem Tiger Cave Tempel in Krabi

hat sich aber so etwas von gelohnt! Auf der Bergspitze steht der Tiger-Cave-Tempel mit seinen großen Buddha Statuen und es bietet sich eine 360-Grad-Panoramasicht über den Dschungel, die riesigen Hügel rund um Krabi, die Stadt, bis hin zu dem Krabi-Fluss und das Meer. Ein Mönch, der sich gerade auf dem Tempel befand, hat uns freundlich begrüßt und hier gebetet. Ein wirklich schöner Tempel an einem außergewöhnlichen Ort und super Weg.

Am Abend besuchten wir noch den berühmten Nachtmarkt in Krabi, der in unmittelbarer Nähe zu unserem Hotel steht, von Montag bis Donnerstag ist er klein, während er von Freitag bis Sonntag groß ist. Ein guter Platz um einige Souvenirs zu kaufen und einheimische Spezialitäten zu probieren. Wir haben hier auch unsere Souvenirs für zu Hause gekauft und lecker gegessen. Es sind viele Touristen auf dem Markt vorzufinden und auf einer Bühne treten Musiker auf, für einen Abendbesuch also gut geeignet.

Hong Island

Da die Koh Phi Phi Tour so schön war, beschlossen wir, an unserem letzten Strandtag die Hong Island Tour zu machen (Kosten: 24 Euro). Alles lief eigentlich genauso ab, wie bei der Koh Phi Phi Tour, nur dass wir dieses Mal auf die Hong Insel gefahren sind.

Der pilzförmige Felsen auf der anderen Seite des Strandes

Der Strand von Pakbia Island

Den ersten Stopp mit dem Speedboot legten wir auf Pakbia Island ein, hier hatten wir einige Zeit um die Insel abzulaufen, wir nützten die Zeit, um zu der nahe gelegenen Rai-Insel zu schnorcheln. Auf dem Strand, wo wir anlegten, war ein kleiner Felsen im Meer der aussieht wie ein riesiger Pilz.

Von Pakbia Island fuhren wir mit dem Speedboot nach Lading Island. Schon wieder eine echte Trauminsel. Die Felsen steigen auch hier senkrecht aus dem Meer und ein schönes Korallenriff ist direkt vor dem Sandstrand, gut zum Schnorcheln. Wir kletterten auch auf einen nahe gelegenen Felsen und wagten den Sprung in das Meer. Auf der Insel sind Schaukeln und Seile, mit denen man sich durch die Luft schwingen kann. Nach dem Mittagessen auf der Insel fuhren wir nach Hong Island.

Strand von Lading Island

Das Schwingseil auf dem Strand

Mit dem Speedboot ging es nach einer Stunde nach Hong Island. Eine wunderschöne Insel, umgeben von hohen Felsen und Dschungel mit einem paradiesischen Strand. Wir hatten hier viel Zeit für das Mittagessen, um in der Lagune zu schnorcheln sowie auf dem Strand die Sonne zu genießen. In der Lagune waren wieder viele Touristen zu finden, aber uns hat es dennoch gut gefallen, in der Nebensaison muss der Strand mit der Lagune schöner als der Garten Eden sein.

Die Hong Island Tour hat uns insgesamt auch ganz gut gefallen. Ein Tipp sichert euch auf dem Speedboot gleich einen Platz auf dem Deck, ansonsten sitzt ihr so eng wie in einer Sardinenbüchse beieinander. Die Inseln, Strände, Lagunen und Korallenriffe

Der Strand von Hong Island

auf der Tour sind unbelievably schön. Bucht auf jeden Fall die Speed-Boot-Tour, weil mit der Longtail-Boote Tour, die dieselben Inseln ansteuert, verbringt ihr die meiste Zeit nur auf dem Schiff.

Am Strand von Ao-Nang angekommen haben wir langsam realisiert, dass unsere Asienreise zu Ende geht. Wir müssen morgen zurück nach Kuala Lumpur fahren, da in zwei Tagen schon unser Rückflug nach Sydney startet. Die Rückreise nach Kuala Lumpur mit dem Bus, sowie die Touren nach Koh Phi Phi und Hong Island hat uns eine supersympathische Frau aus dem Thai-Italienischen Mix Restaurant namens „Gusto" beim Thai Hotel in Krabi gebucht. Die Frau in dem Restaurant war wie ein Engel und kümmerte sich um uns wie eine Mutter. Sie kochte uns nur das Beste, gab uns jede Menge Tipps und wollte uns immer das Beste zu einem günstigeren Preis verkaufen. Thailänder sind sympathisch, eh, zum Teil oder besser, die Meisten. Ich würde hier auf jeden Fall wieder herkommen. Besucht sie doch mal, wenn ihr zufällig da seid. Krabi ist eine Reise wert.

Hat Yai und zurück nach Kuala Lumpur
Am nächsten Tag holte uns ein Minivan von unserem Hotel ab und fuhr uns zu dem Busbahnhof in Krabi, von wo unser Bus nach Hat Yai losging. Die Fahrt nach Hat Yai dauerte 4 Stunden. Was sich auf den Straßen Thailands abspielte, konnte ich gar nicht glauben. Ob man rechts oder links überholt, scheint hier keinen Unterschied zu machen. Ein LKW überholte uns mit drei Thailändern auf dem Deck der Fahrerkabine. Ein Mann mit geschätzten 30 Kilogramm Heu auf dem Rücken überholte uns auf der falschen Straßenseite mit seinem Motorrad ohne Helm. Auf den Scootern fahren drei bis vier Personen gleichzeitig ohne Helm mit Kleinkindern. Als ich einen Mann mit einem Affen in dem Auflader eines Autos

Ein Kleinkind am Steuer eines Scooters   *Eine Familie auf einem Scooter*

bei 100 km/h auf der Autobahn gesehen habe, musste ich dreimal hingucken, bevor ich es glauben konnte. Ja der Verkehr in Thailand ist nicht ganz ungefährlich, man muss nur hoffen, dass alles gut geht. In Hat Yai Heil angekommen, mussten wir auf einen anderen Bus umsteigen und hatten einige Stunden Zeit die Stadt zu besichtigen. Hat Yai ist eine Großstadt Thailands und vor allem als Zwischenstopp bei Reisenden beliebt. Der Bus nach Kuala Lumpur dauerte „nur" acht Stunden, obwohl neun bis zehn Stunden eingeplant waren. So kamen wir mitten in der Nacht an dem Puduraja Busbahnhof in Kuala Lumpur an, dort wo alles begann. Die Reise entwickelte sich schon wieder einmal zu einem echten Marathon. In Kuala Lumpur angekommen warteten wir noch drei Stunden auf den Bus Richtung Flughafen. Nach dem achtstündigen Flug Richtung Sydney mussten wir noch zwei Stunden mit dem Zug nach Katoomba fahren, ehe wir endlich in unsere geliebten Blue Mountains angekommen waren.

Silvester in Sydney

In den Blue Mountains erholten wir uns erst einmal von den Reisestrapazen und informierten uns über unsere Neuseelandreise. Da wir uns Anfang Januar genau in der Hauptreisezeit in Neuseeland befinden, hatten wir einige Schwierigkeiten das richtige Fahrzeug zu finden. Eigentlich wollten wir ja einen Campervan mieten mit dem meine Freundin und ich Neuseeland unsicher machen wollten. Nach einer guten Recherche und einigen Berechnungen stellten wir aber fest, dass die billigere Variante ein Mietwagen in Kombination mit Hostel-Übernachtungen ist. Die Reisezeit in Kombination mit der großen Anfrage ließ die Preise für die Campervans in die Höhe schießen. Vielleicht ist es in der Nebensaison günstiger mit dem Campervan, informiert euch. Den Mietwagen haben wir bei Apex gebucht, auch Europcar wäre eine gute Alternative und wird in Neuseeland von vielen genutzt. Die Kommentare auf den Seiten der Mietwagenverleihe bewegten uns dazu ein günstiges Auto zu buchen, das noch nicht fünfmal um den Globus gelaufen war. Wir haben ja einige Tausende von Kilometern vor uns und es wird gewarnt, dass man mit den älteren Autos oft mitten auf der Strecke stecken bleibt. Am Ende zahlt man dann eher drauf, anstatt zu sparen, deshalb investiert lieber gleich in ein besseres Auto. Ein Navigationsgerät bestellten wir auch gleich mit dazu, dieses war mit (80 Euro) für drei Wochen recht teuer. Wenn möglich, dann organisiert euch schon im Voraus ein Navi-Gerät und spart euch die Kohle. Auch die ersten Tage und die ungefähre Route haben wir schon im Voraus geplant, so können wir die ersten Tage in Neuseeland relativ gemütlich starten, ohne Organisationsstress.

Am 31. Dezember war es endlich soweit, der lang ersehnte Tag, Silvester in Sydney stand vor der Tür. Von Katoomba in den Blue Mountains ging es am Nachmittag mit dem Zug Richtung Sydney. Tausende Leute strömten von allen Richtungen zu dem Darling Harbour und Sydney Harbour. Um 21:00 Uhr beobachteten wir das Feuerwerk am Darling Harbour. Unmengen von Menschen fieberten hier Silvester entgegen.

Danach gingen wir direkt zu dem Sydney Harbour, natürlich wollten wir die berühmten Feuerwerke an der Harbour Bridge um Mitternacht direkt von dem Hafen aus beobachten. Die Eingänge waren aber bereits seit Stunden gesperrt und auch außerhalb des Circular Quay waren die Straßen pump voll mit Leuten aus aller Welt gefüllt. Wenn ihr also in dem berühmten Hafen Silvester feiern wollt, dann müsst ihr früher aufstehen, Wochen zuvor Eintritt-Tickets kaufen und spätestens am frühen Nachmittag in dem Hafen Sydneys einlaufen. Ich schätze mal an den Häfen waren gut eine bis zwei Millionen Menschen und alle hatten dasselbe Ziel. Okay wir haben uns einfach zu wenig informiert und waren viel zu spät dran, aber aufregen bringt ja auch nichts.

Die unglaublichen Menschenmassen aus allen möglichen Nationen, die sich zu Silvester rund um die Häfen ansammeln, um Silvester zu feiern

Wir wanderten zu der Viktoria Straße, hier fanden wir in dem Park doch noch einen Platz und konnten die Feuerwerke von weiter Entfernung sehen. Immer noch besser, als neben dem Hafen in den Menschenmengen eingekesselt zu sein und gar nichts zu sehen. Die gute Laune ließen wir uns natürlich nicht verderben und feierten in den Abend und das neue Jahr. Bars und Pubs sind an jeder Ecke und der Abend wurde doch noch zu einem echten Kracher. Hoffentlich wird das neue Jahr genauso schön wie das Letzte!

Neuseeland

Christchurch

Am 5. Jänner ging unser Flug von Sydney nach Christchurch, die größte Stadt der Südinsel Neuseelands. Als wir vom Tasmanischen Meer über Neuseeland flogen, waren wir komplett überwältigt von der Landschaft. Eine komplett andere Welt als in Australien bot sich hier unseren staunenden Augen. Vom Flieger sahen die Berge entlang der Küste aus wie riesige braune Erdhügel, zum Teil noch mit Schnee bedeckt und ringsum grüne Regenwälder. Die Insel scheint zum Großteil total unbewohnt zu sein. Natur pur! Über die Berge hinweg steuerten wir auf das Flachland nahe Christchurch zu. Die Landung hatte es in sich, starker Wind und eine Böe rüttelten den Emirates Flieger stark durch. Für einen kurzen Moment dachte ich, dass der Pilot die Kontrolle über die Maschine verloren hatte und wir außerhalb der Landespur fahren, so stark, wie der Flieger durchgerüttelte wurde. Aber Gott sei Dank konnte der Pilot den Flieger doch noch heil auf die Landebahn aufsetzen und unter Kontrolle bringen.

Den ersten Schock von der Landung noch in den Beinen folgte gleich der nächste bei der Einreise. Hier sind neben Alkohol und Tabakwaren so viele Güter zu deklarieren, dass man bei der Zollbehörde leicht den Überblick verliert. Unter anderem sind auch Biosicherheits-Risiko Güter zu deklarieren wie z. B. kontaminierte Schuhe, Obst und Gemüse. Nachdem wir dachten, alles sorgfältig überprüft zu haben gingen wir durch die Kontrollzone. Hier erwarteten uns bereits ein Spürhund und mehrere Beamte. Der Spürhund war begeistert von dem Koffer meiner Freundin. Nach der Kontrolle stand fest, dass sich wohl noch ein alter Apfel aus Australien darin befand, den meine Freundin total vergessen hatte. Der Beamte hatte kein Verständnis dafür und stellte uns sofort eine Strafe von 400 neuseeländischen Dollars aus (umgerechnet rund 250 Euro). Unsere unschuldigen Blicke und die Bitten um Vergebung ließen ihn nicht davon abhalten die Strafe auszustellen. Er meinte, da er weiß, dass wir es nicht absichtlich getan haben, sei die Strafe „so mild" ausgefallen, ansonsten wäre mit viel höheren Strafen zu rechnen! Und das alles wegen eines alten geschrumpelten Apfels! Passt also gut auf bei der Einreise, dass ihr ja nichts übersieht, und vermeidet saftige Geldstrafen. Die Spürhunde finden alles und die Strafen sind übertrieben hoch. Am Ende wünschte er uns doch noch eine gute Reise und meinte, dass wir den Kopf nicht hängen lassen sollen. Die Geldstrafe wurde meiner Freundin übrigens dann wirklich nach Deutschland zugeschickt und musste bezahlt werden. Je länger man damit wartet, umso teurer wird der Spaß, also passt gut auf.

An dem Flughafen wurden wir von einem Bus zu dem nahe gelegenen Apex Mietwagenverleih gefahren. Hier bekamen wir unseren Mietwagen, diesmal ohne Schwierigkeiten. Was für ein Gefühl, wenn man das erste Mal links auf die Straße einbiegt und den Scheibenwischer anstatt den Blinker benutzt, mit voller Konzentration auf die Umstellung konnte ich eigentlich nur hoffen, dass alles gut gehen wird.

Unser Hostel befand sich direkt in Christchurch, es war leider eines der schlechtesten überhaupt auf unserer gesamten Reise, deshalb empfehle ich es euch nicht weiter. Am Abend sahen wir uns noch die Gegend rund um das Zentrum der Stadt an. Sie glich einer echten Geisterstadt, keine Menschenseele weit und breit. Seit dem fürchterlichen Erdbeben im Februar 2011 liegen hier viele historische Bauten, darunter auch die berühmte Christ Church Kathedrale immer noch unter Trümmern, abgesperrt von den Fußgängern. Der Wiederaufbau scheint also nur schwer und langsam voranzuschreiten. Es macht traurig, wenn man sieht, wie eine Naturkatastrophe eine Stadt heimsuchen kann. Das Stadtzentrum war ja von dem Erdbeben am Schlimmsten betroffen. Es ist schade, dass genau die alten historischen Bauten so stark betroffen sind.

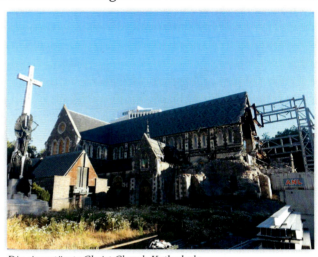

Die eingestürzte Christ Church Kathedrale

Der Christchurch Park, Ipswich

Nachdem wir das verwüstete Stadtzentrum angeschaut hatten, gingen wir noch kurz in den Christchurch Park, ein schöner Park zum Wandern oder für ein Picknick nach dem Sightseeing der Stadt.

Der Abend in dem Hostel war so schlimm, dass es fast schon wieder lustig war. Drei Schotten stellten in unserem Zimmer ihre Trinkfestigkeit unter Beweis, während ein psychisch gestörter Italiener nach unserem Geburtsdatum fragte und alles in seinem Tagebuch aufzeichnete. Der Italiener war der felsenfesten Überzeugung, dass die Nummern in Kombination mit anderen Ereignissen einen Sinn für seine zukünftige Reise ergeben werden. Totale Freaks kann ich nur sagen. Früh morgens packten wir unsere sieben Sachen zusammen und hüpften in das Auto, nichts wie weg von dieser Geisterstadt, ab in die wunderschöne Natur Neuseelands, der ultimative Roadtrip durch Süd- und Nordinsel kann beginnen!

Arthurs Pass nach Greymouth

Unsere erste Etappe führte uns von Christchurch über den Arthurs Pass bis hin nach Greymouth. Also von der Westküste der Südinsel zu der Ostküste, durch die Südalpen und den Nationalpark des Arthur`s Pass. Nach 90 km erreichten wir die Spitze des 945 Meter hohen Porter`s Pass. Wir hatten Glück mit dem Wetter, es ist ein Traum über den höchsten Pass der Südinsel bei strahlendem Sonnenschein zu fahren. Eine unberührte Bergnatur mit Wildblumen, Pflanzen, Bäumen und hohen Bergen. Es sieht ein bisschen so aus, als würde man durch ein unbewohntes Österreich fahren.

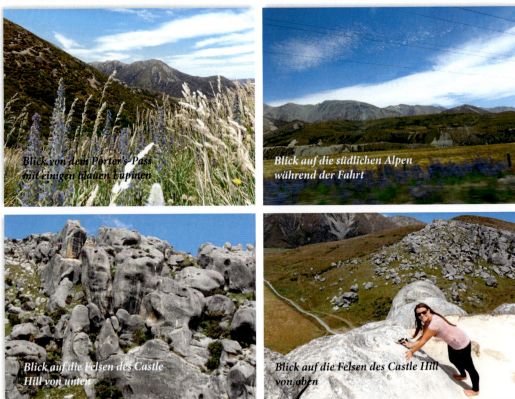

Blick von dem Porter's-Pass mit einigen blauen Lupinen

Blick auf die südlichen Alpen während der Fahrt

Blick auf die Felsen des Castle Hill von unten

Blick auf die Felsen des Castle Hill von oben

Kurz nach dem Porter`s-Pass legten wir einen Stopp bei den Castle Rocks ein. Was für eine coole Landschaft, viele Kalksteine in verschiedenen Größen stehen hier in der Landschaft verstreut. Der Ort ist vor allem in der Kletterszene bekannt. Die verschiedenen Kalksteinfelsen sind ein echtes Boulder und Kletterparadies. Unzählige Klettermöglichkeiten bieten sich an den Wänden. 2002 wurde der Ort von dem Dalai Lama als ein spirituelles Zentrum des Universums bezeichnet. Wenn man vor der Felsenlandschaft steht, kann ich die Aussage des Dalai Lamas gut verstehen, ein wirklich einzigartiger Platz entlang des Arthur-Passes.

Alle Kalksteinfelsen zusammen sehen aus wie eine alte Schlossruine, deshalb auch der Name Castle Rock (übersetzt: Burgstein). Nachdem wir die Traumlandschaft und Labyrinthe durch die Felsen abgelaufen sind, fuhren wir weiter zu dem Arthurs Pass.

Panoramaaufnahme des Castle Hill

Während in Christchurch die Landschaft noch durch breite Bachbetten, Buchenwald und braun-grünen Wiesen geprägt war, veränderte sich die Landschaft in dem Arthurs Pass Nationalpark total. Plötzlich erscheint der Regenwald in dunkelgrün und riesige Wasserfälle prassen die hohen und steilen Berge herab.

Die Straße wird schmaler und kurviger. Auf dem höchsten Punkt des Arhurs Pass machten wir noch einen kurzen Halt und bewunderten den Blick auf die atemberaubende Landschaft und die Otira Straßenbrücke. Einige Keas gesellten sich zu uns, die Bergpapageien landeten direkt auf das Dach unseres Mietwagens und begannen sofort daran zu knabbern, die Scheibenwischer haben sie besonders gerne. Scheu sind die Papageien keineswegs.

Die Otira Straßenbrücke

Die Keas auf dem Arthur`s Pass

Blick von einem Lookout, ein Wasserfall führt über die Passstraße hinweg

Von dem Arthur`s Pass Village aus könnte man einige Wandertouren planen, unter anderem hoch auf den Avalanche Peak. Dies haben wir aber erst im Nachhinein erfahren. Es würde sich aber auf jeden Fall rentieren meinten einige Backpacker, eine wundervolle Aussicht über den Nationalpark wartet von dem Avalanche Peak auf euch. Falls das Wetter gut sein sollte, plant doch in dem Arthurs Pass Village einen Tag ein und macht hier Halt.

Der Blick auf den Brunner See

Nachdem wir den Arthurs Pass passiert haben entschieden wir uns in die Scenic Road, die zu dem Lake Brunner führt, abzubiegen. Ein wunderschöner See nahe der Westküste der Südinsel. Hier genossen wir den Rest des schönen Sommertages, ein wirklich wunderschöner See.

Um 17:00 Uhr kamen wir in Greymouth an. Diese Stadt ist die größte an der Westküste mit rund 9000 Einwohnern. Vielleicht könnt ihr euch jetzt vorstellen, wie wenige Leute auf der Südinsel wohnen und wie unberührt die Natur hier noch ist. Nachdem wir in das YHA-Hostel eingecheckt haben, fuhren wir sofort zu dem Strand von Greymouth um den Sonnenuntergang zu beobachten. Das Hostel war übrigens ganz ok, das kann ich euch mal ausnahmsweise wieder weiterempfehlen. Meterhohe Wellen peitschten auf den Steinstrand ein und produzierten eine Nebelbank an der Küste, während der Sonnenuntergang den Himmel orange-rot schimmern ließ. Wenn ihr in Greymouth seid, dann fahrt auf jeden Fall am Abend zu diesem schönen Strand.

Der Sonnenuntergang am Strand von Greymouth

Franz Josef Gletscher

Am nächsten Tag leitete uns der Roadtrip zu dem Franz Josef Gletscher. Die Fahrt dauerte gut zwei Stunden, die Straße führte entlang der Westküste, vorbei an Hokitika und vielen schönen Seen wie z. B. den Lake Mapourika oder den Lake Wahapo kurz vor dem Franz Josef Dorf gelegen. In Franz Josef angekommen, begann es wie aus Eimern zu regnen und der Gletscher war von einer dichten Nebelbank eingehüllt. Man konnte ihn gar nicht sehen. Wir machten es uns erst mal in unserem Hostel gemütlich und planten unsere Reise für die nächsten Tage. Das Hostel war, sagen wir mal so, einzigartig! Wir bekamen ein Campervan zugeteilt – „Love-Shake" genannt. Von innen sah der Van aus wie ein Bordellzimmer mit Spiegeln an den roten Wänden, Kondome waren auch auf dem Nachtkästchen bereitgestellt. Zu lustig!

Der Franz Josef Gletscher wurde von dem Entdecker Julius van Haast nach dem österreichischen Kaiser Franz Josef I. benannt. Der Gletscher ist rund 10 km lang und ragt von 2955 Meter Meereshöhe hinunter bis auf 400 Meter über dem Meer. Interessant, da die Gletscher bei uns zu Hause gerade mal bis auf eine Höhe von 2600 Metern über dem Meeresspiegel herunter ragen. Die Gegend rund um Franz Josef gilt als eine der regenreichsten Regionen der Welt, deshalb fällt im Winter auf den Bergen auch jede Menge Schnee. In dem Visitor Centre haben wir erfahren, dass die warme feuchte Luft über dem Tasmanischen Meer durch die starke Windströmung zwischen dem 40. und 60. Breitengrad in die Höhe getrieben wird. Auf dem Land kühlt die Luft in den höheren Lagen dann stark ab und führt zu instabilem Wetter. In dem Tal regnet es im Durchschnitt 16 Meter pro Jahr! Auf den hohen Bergen ist es in den kälteren Monaten kalt genug, dass der Niederschlag in Form von Schnee niedergeht. Zwischen 12-16 Meter Schnee soll jedes Jahr in den höheren Lagen fallen. Deshalb ist der Franz Josef Gletscher und der nahe gelegene Fox Gletscher noch nicht so stark von der globalen Erwärmung betroffen, als beispielsweise unsere Gletscher in Europa.

Der Franz Josef Gletscher

Die großen Mengen an Schnee werden komprimiert und es bildet sich Eis. Das Eis ist mehrere Hundert Meter dick. Durch das hohe Gewicht und der daraus resultierenden Kompression und Reibung rutscht der Gletscher schneller ab als viele andere. Ungefähr einen halben Meter pro Tag gleitet der Franz Josef Gletscher Richtung Tal. Das geschmolzene Wasser vereinigt sich in einer Art Tunnelsystem

Der nahe gelegene Regenwald am Fuße des Gletschers

und führt auch dazu, dass der Gletscher so schnell gleitet, auch die zahlreichen umliegenden Wasserfälle tragen dazu bei. Alles unglaublich interessant.

Am späten Nachmittag hat es doch noch aufgehört zu regnen und wir konnten mit dem Auto Richtung Franz Josef Gletscher fahren. Von dem Parkplatz führt ein Weg durch den Regenwald, auf einem Informationsschild steht geschrieben, dass der Gletscher 1867 bis zu dem Parkplatz reichte. Also entwickelten sich der Regenwald und die gesamte umgebende Vegetation hier unten innerhalb der letzten 130 Jahre.

Am Ende des Regenwaldes erstreckt sich ein kilometerlanges breites Bachbett. Ringsum riesige Wasserfälle, die von den Spitzen der Berge herab donnern. Ein Wahnsinnsanblick und im Hintergrund kann man schon den Franz Josef Gletscher erkennen. Die Gletscherzunge reicht bis zu dem Bachbett hin. Der Wanderweg führt bis zu dem letzten Lookout nahe an der Gletscherzunge. Der Weg ist ab hier abgesperrt, da es zu gefährlich ist. Eismassen und Gestein könnten von dem Gletscher abbrechen. Eine weitere Gefahr sind die Wassermassen, die von dem Gletscher kommen können. Bei starkem Regen in Kombination mit warmem Wetter kann das Wasser entlang des Flussbettes schnell stark ansteigen und den Rückweg blockieren.

Es besteht die Möglichkeit einen Helikopter - Flug über den Franz Josef Gletscher oder den Fox Gletscher sowie auch beiden Gletschern gleichzeitig zu buchen. Der Flug wird ebenso in Kombination mit einer Führung auf den Gletschern angeboten, um einen besseren Eindruck von den riesigen Gletschermassen zu bekommen (Landestation direkt auf dem Gletscher). Die Flüge mit Wanderung kosten ca. 260 Euro. Wandertouren mit einem Gletscherexperten und Steigeisen auf die Gletscherzunge und entlang der Gletscherspalten sowie den Tunnelsystemen der Gletscherflüsse werden für ca. 70 Euro im Tal angeboten.

Fox Gletscher – Richtung Wanaka

Am nächsten Tag fuhren wir zu dem nahe gelegenen Fox Gletscher. Auch hier führt die Straße zuerst durch einen Regenwald bis hin zu dem Parkplatz. Ein Wanderweg entlang des Gletscherflusses führt direkt zu der Gletscherzunge und dem Chalet Lookout. Diesen Tag hatten wir richtig Glück mit dem Wetter,

Eine Panoramaaufnahme des Fox Gletscher

Der Wanderweg zum Fox Gletscher

Der Blick auf die riesigen Eismassen und großen Gletscherspalten des Fox Gletschers

Der Blick auf den Fox Gletscher von einem Lookout aus dem Regenwald

strahlender Sonnenschein und rund 20 Grad erwarteten uns an dem Lookout auf den faszinierenden Gletscher. Der Fox-Gletscher ist 13 km lang und reicht von 3500 Meter Meereshöhe bis auf 300 Meter in das Tal herab. Weltweit gibt es nur drei Gletscher, die bis in den Regenwald auf beinahe N.N. herunterreichen. Den Franz Josef Gletscher, den Fox Gletscher und den Perito Moreno Gletscher in Argentinien. Deshalb muss man sich diese Naturwunder aus Eis einfach anschauen. Riesige Wasserfälle donnern auch an diesem Gletscher entlang der Berge in das Tal, ein echtes Naturschauspiel. Dass trotz dieser hohen Temperaturen die Gletscherzunge bis zum Meer hinab reicht, ist unglaublich.

Nachdem wir den Ausblick auf den Fox Gletscher genossen haben fuhren wir noch zu einem Wanderweg in den Regenwald des West Tai Poutini Nationalparks. Auch hier gibt es entlang des Gletscherflusses noch einen schönen Wanderweg (River Walk Track) mit einem Lookout auf den Gletscher zu erkunden.

Am Nachmittag führte uns der Weg nach Wanaka. Rund 3,5 Stunden Autofahrt. Entlang der Straße gibt es auch hier wieder viel zu sehen. An einem schönen Strand, der Bruce Bay, machten wir kurz eine Pause. Viele Leute schreiben an dieser Raststätte auf weißen Steinen ihre Wünsche auf und hoffen, dass sie in Erfüllung gehen. Ein Schuh war ebenfalls an einen der Steine gebunden. Der rührende Text auf dem Stein erzählte von einem Mädchen, das während der Reise durch einen Unfall ums Leben kam. Ihre Freunde hatten den Text zum Abschied und Gedenken geschrieben und an diesem wunderschönen Platz hinterlassen.

Ein Wasserfall entlang der Straße durch den Mount Aspiring National Park

Die Wunschsteine von Leuten aus aller Welt an der Bruce Bay

Immer wieder sind auf der Straße interessante Sachen angeschrieben wie: Wasserfälle und Seen. Die Straße hat viel zu bieten, und führt entlang des Ozeans, durch den Mount Aspiring Nationalpark, entlang des Lake Wanaka und Lake Hawea. Ich kann euch nur empfehlen mit dem Auto zu fahren und an manchen Stellen haltzumachen. Die Natur hat so viele Facetten zu bieten und ist unbeschreiblich schön.

Die Straße entlang des Lake Wanaka und Lake Hawae war eine der schönsten in ganz Neuseeland, sie führt direkt entlang des Ufers der beiden Seen in Richtung Wanaka. Riesige Felsen steigen entlang der Seen vertikal aus dem Wasser, die Landschaft ist nahezu unberührt und atemberaubend.

Die Fahrt nach Wanaka hat sich bedeutend in die Länge gezogen, wir haben viele Stopps eingelegt, da die Landschaft so schön ist. Am Abend wollten wir

Blick auf das Tasmanische Meer von einem Lookout auf der Straße

Der Blick auf den Lake Hawea

noch eine Kollegin aus meiner Heimat in Wanaka besuchen, aber sie unternahm gerade den Milford Track, Neuseelands berühmtesten Wanderweg und war deshalb nicht in der Stadt anzutreffen. Wanaka ist ein schönes kleines Städtchen und liegt direkt an dem Lake Wanaka. Die Temperaturen waren kühl mit maximal 15 Grad zu Mittag. Wir gastierten in dem Mountain View Backpacker Hostel. Das Hostel hat einen Garten mit Barbecue Grill und war schwer in Ordnung. Bis auf einen Spaziergang um die Stadt und entlang des Sees am Abend ruhten wir uns einfach ein bisschen aus. Wie viel man doch in Neuseeland an einem einzigen Tag unternehmen und sehen kann!

Am nächsten Morgen checkten wir früh aus dem Hostel aus und machten den Wanaka Circle Walk, ein Wanderweg, der auf einen kleinen Berg in Wanaka führt mit einer super Aussicht auf das Land und den See. Der Weg hoch auf den Hügel dauert nur 40 Minuten und die Aussicht von da oben ist super! Rund um Wanaka gibt es zahlreiche andere Wanderrouten, von leicht bis schwierig. Wenn ihr also viel Zeit in Wanaka zur Verfügung habt, dann nix wie hoch auf die wunderschönen Berge.

Panoramaaufnahme von der Spitze des Berges während des Wanaka Circle Walks

In Wanaka und Queenstown wurden einige Szenen aus den Filmen „Herr der Ringe" und „Der Hobbit" gedreht. Wenn ihr also selbst durch die Natur der Hobbits, Elfen Trolle und Frodos wandern wollt, dann seid ihr hier goldrichtig. Nach der Wanderung entschieden wir uns nach Cardrona zu fahren, eines der berühmtesten Skigebiete in Neuseeland, hier wollte ich eigentlich auch einmal eine Skisaison arbeiten, deshalb musste ich da hinfahren und mir die Berge ansehen.

Queenstown
Da in Cardrona die Bergstraße gesperrt war, entschieden wir uns dazu über den Cardrona Pass nach Queenstown zu fahren. Als wir an einem Parkplatz kurz vor dem höchsten Punkt des Passes Halt machten, packte uns die Abenteuerlust, wir wanderten einen Weg hoch auf die Spitze des Berges. Während der ganzen Wan-

Der Blick von der Spitze des geheimnisvollen Berges am Cardrona Pass

Blick von dem Cardrona Pass mit Blick auf Queenstown

derung war, soweit das Auge reichte, keine Menschseele zu sehen. Nur eine Herde Schafe weidete auf der Gegenseite des Berges, wie ihr im Bild erkennen könnt.

Nehmt diesen Pass auf jeden Fall mit, wenn ihr mit dem Auto unterwegs seid und schönes Wetter ist. Die Aussicht von dem Cardrona Pass mit Blick auf Queenstown war bezaubernd.

In Queenstown ist jede Menge los, es ist wohl die Backpacker Stadt schlechthin in Neuseeland. Fast jeder Backpacker macht hier Halt auf seiner Reise. Mir hat Queenstown gut gefallen, nach den letzten Tagen in der freien Natur war es auch wieder einmal schön, unter Leute zu kommen. Übernachtet haben wir in dem Sir Cedrics Bungi Backpackers, nichts Besonderes aber für Queenstown relativ günstig und ganz ok für eine Nacht. In der Stadt selbst gibt es viele Cafés, Restaurants, Pubs und Geschäfte mit internationalen Marken und traditionellen Souvenirshops die auch Kunst der Maoris (Ureinwohner Australiens) anbieten. In der Shotover Street wird bei Ferburger der wohl leckerste Burger von ganz Neuseeland verkauft. Auf dem Hafen spielen oft Bands und Künstler bieten ihre Show an.

Queenstown ist die lebhafteste Stadt der Südinsel. Sie liegt an dem Lake Wakatipu am Rande der Südalpen. Queenstown bietet eine Menge abenteuerlicher Aktivitäten an wie Skydiven von bis zu 18000 Fuß, Bungy Jumping von der berühmten Kawarau Brücke (Höhe: 43 Meter) mit eintauchen in den Fluss, Nevy Bungy Jumping aus einer Gondel (Höhe: 134 Meter), Canyon Swing (der größte der Welt) an einem Stahlseil befestigt rast man dabei über das Tal, Wildwasser Rafting, Speedboot fahren, Paragliding, Ziplining durch den Wald, Downhill Biken, Paintball, Sommerrodeln und Canyoning. Für jede Art von Adrenalin-Junkie wird in Queenstown allerhand angeboten. Touren zu den Drehorten des Films „Herr der Ringe" können auch gebucht werden, falls ihr nicht mit dem Auto vor Ort seid.

In der Nähe von Queenstown liegt das Skigebiet Coronet Peak, eines der besten in Neuseeland, wo im Winter die Ski-Nationalmannschaften aus der ganzen Welt trainieren. Im Sommer kann man hier gut wandern und klettern. In Queenstown kann man mit der Seilbahn auf den Queenstown Hill fahren oder auch selbst hochzuwandern. An der Talstation steht der Kiwi Birdlife Park, ein Vogelpark, in dem man Kiwis beobachteten kann.

Am nächsten Tag haben wir uns für die Wanderung auf den Queenstown Hill entschieden, bis zu der Bergstation benötigt man gut 50 Minuten. Der Queenstown Hill bietet eine gute Downhill-Strecke für Radfahrer an, sowie Ziplining durch den Wald und die Sommerrodelbahn ist direkt neben dem Ausstieg aus der Gondelbahn. Die Wanderung hoch auf den Queenstown Hill war ganz schön, an so manchen Aussichtspunkten bietet sich eine super Aussicht auf den Lake Wakatipu und die Südalpen Neuseelands. Von dem Queenstown Hill führt der Ben

Blick auf den Lake Wakatipu

Blick auf den Lemond Track

Lomond Track, der schönste Wanderweg Queenstowns hoch bis auf den Gipfel (rund 1750 Meter Meereshöhe). Der Wanderweg dauert rund 6 Stunden retour. Achtet darauf, dass ihr genug Wasser dabei habt, und Sonnenschutz, da es auf dem Weg keinen Schatten gibt. Wir haben auf dem halben Weg des Tracks umgekehrt. Da wir zuvor leider nichts von dem Lomond Track gewusst haben, hatten wir nicht genügend Wasser mit uns getragen. Der Weg ist superschön und ich würde noch mal raufgehen, diesmal mit genügend Wasser, wenn ich noch einmal nach Queenstown kommen würde.

Te Anau – Milford Sound

So langsam kommen wir unserem Ziel, den Fjorden Neuseelands immer näher. Nach der Wanderung starteten wir mit unserem Mietwagen nach Te Anau. Die Fahrt nach Te Anau dauerte gut zwei Stunden. Auf der Fahrt bemerkten wir leider, dass wir ein Loch in unserem linken Vorderreifen hatten, bisher verloren wir noch keine Luft. Wir waren uns sicher, dass wir nicht dafür verantwortlich sind. Das Loch muss bereits da gewesen sein, als wir das Auto ausgeliehen ha-

Blick auf den Lake Te Anau während des Sonnenunterganges

ben, ein Wunder, dass der Reifen bis jetzt durchgehalten hat. Hoffentlich hält er auch noch die Tour nach Milford Sound aus, danach muss der Reifen auf jeden Fall gewechselt werden. Der Reservereifen ist leider wirklich nur für eine kurze Reserve geeignet. Wird schon schief gehen! Am Abend kamen wir in Te Anau an, ein kleines Städtchen am Rande des Fjordlandes, dem größten Nationalpark Neuseelands. Te Anau ist der Ausgangspunkt für die Touren nach Milford Sound und mehreren Wandertracks durch den Nationalpark des Fjordlandes. Wir übernachteten in dem YHA-Hostel von Te Anau, ein super Hostel mit großer Küche und freiem WLAN. Rechtzeitig zu dem Sonnenuntergang wanderten wir noch entlang des Lake Te Anau.

Milford Sound

Unter der Seite „bookme.co.nz" haben wir bereits einige Tage zuvor eine günstige Fährenfahrt in Milford Sound gebucht. Die Seite bietet jede Menge Touren und Abenteueraktivitäten zu günstigen Preisen an. Wenn ihr frühzeitig auf der Seite bucht, könnt ihr somit viel Geld sparen.

Früh morgens, um 06:00 Uhr starteten wir von Te Anau nach Milford Sound (120 km entfernt). Die Straße wurde 1954 erbaut und gilt als eine der schönsten Bergstraßen der Welt. Sie führt durch den Regenwald an den Mirror Lakes vorbei hoch auf den The Divide Pass. Von hier geht die Straße durch die Berge hindurch entlang eines langen Bergtunnels und des Hollyford River hinunter zu dem berühmten Milford Sound Fjord.

Als wir das Auto verließen und Richtung Hafen wanderten, machten wir sofort Bekanntschaft mit den lästigen Sandflies, kleine Mücken, die aussehen wie Fliegen. Die Mückenstiche jucken stark und heilen erst nach Wochen. Sprüht euch gut mit Insektenspray ein und tragt lange Kleidung, in den Fjorden ist es eh nicht so warm.

Der Milford Sound ist der nördlichste von 14 Fjorden, rund 16 km lang und durchschnittlich 330 Meter tief. Nachdem Captain Cook zweimal an dem Milford Sound Fjord vorbeigefahren ist, da der Eingang von dem Meer nur schwer ersichtlich ist, entdeckte schließlich John Grono im Jahr 1823 als Erster den wunderschönen Fjord. Donald Sutherland war im Jahr 1877 der erste Siedler von Milford Sound und erbaute hier drei Hütten und später auch das erste Hotel. Donald entdeckte als Erster die nach ihm benannten Sutherland Falls. Es handelt sich dabei um die fünfthöchsten Wasserfälle der Welt, sie stürzen über drei Stufen rund 580 Meter in die Tiefe. Die Sutherland Falls sind nur von dem Milford Track ausgehend, am Anfang des Valley of the Waterfalls zugänglich und waren deshalb für uns leider unerreichbar.

Um 08:15 Uhr war es dann soweit, die Fähre fuhr von dem Hafen Milford Sounds ab. Der Nebel verdeckte leider die Spitze des Mitre Peak, der Berg ragt

1692 Meter direkt aus dem Meer und ist somit der höchste Meeresfelsen der Welt. Das Wasser in dem Fjord selbst besteht aus einem Mix von Süßwasser, das eine 3-5 Meter dicke Schicht an der Wasseroberfläche bildet und Meereswasser, das unter dem Süßwasser liegt. Ein einzigartiges marines Ökosystem.

Der Blick auf den Milford Sound Fjord von dem Hafen, der Mitre Peak (links im Bild) ist leider von dichtem Nebel umhüllt.

Von den Berghängen lösen sich Humusspuren, organisches Material und Tannine, die mit den Wasserfällen in das Meer stürzen. Diese sind auch dafür verantwortlich, dass viel Licht absorbiert wird. So entsprechen die Lichtverhältnisse in 10 Meter Tiefe denen in 70 Meter Tiefe auf dem offenen Meer. Schwarze Korallen wachsen an den Felswänden des Fjordes bereits in fünf Meter Tiefe und bedecken die senkrechten Felswände der Fjorde. Das Wasser sieht wirklich dunkel aus und bietet somit vielen Tieren Lebensraum, die ansonsten nur in tiefen Lagen zu finden sind.

Die Schiffsfahrt führte vorbei an Wasserfällen, die von hohen Felswänden in den Fjord donnerten. In dem Fjord können je nach Jahreszeit Pinguine (Dick-

Die Wasserfälle entlang der Fahrt durch den Milford Sound Fjord   *Wasserfälle im Milford Sound Fjord*

schnabel Pinguin, Zwergpinguin), Robben, Delfine sowie zahlreiche Vogelarten beobachtet werden. Wir konnten einige Robben auf einem steinigen Plateau sichten, es sah so aus als würden sie uns zuwinken. Als wir das Meer erreichten, drehten wir wieder um Richtung Hafen, auf dem Rückweg fuhren wir einmal nahe an einen großen Wasserfall heran, man konnte die Kraft des Wassers förmlich spüren und das Wasser spritzte in unser Gesicht. Die Tour durch den Fjord war schon etwas ganz Besonderes und sollte in jeder Neuseelandreise mit eingeplant werden. Bucht am besten die erste Fähre am Morgen, dann könnt ihr die Natur noch richtig genießen, bevor die ganzen Tour-Busse und Abertausende Touristen nach Milford Sound einströmen.

Auf dem Rückweg legten wir einige Stopps auf der atemberaubenden Bergstraße ein. Den ersten Halt machten wir direkt nach dem Ausgang des Bergtunnels an dem Divide Pass. Während auf der gegenüberliegenden Seite der Bergkette in Richtung Milford Sound dichter Nebel herrschte, war auf der anderen Seite des Bergtunnels strahlender Sonnenschein. Was war das für ein Bergpanorama hier oben! Bei der Anfahrt konnte man die schönen Berge und kleinen Wasserfälle die ringsum von den Bergen fließen noch gar nicht erkennen. Gleich, nachdem wir unser Auto abgestellt hatten, landeten auch schon die ersten Keas darauf und knabberten diesmal an unserer Antenne.

Von dem Parkplatz am Divide Pass führt ein Wanderweg zu dem Key Summit, dieser bietet eine wunderschöne Aussicht auf die verschiedenen Täler und Berge. Da auf der anderen Seite jedoch dichter Nebel herrschte und die Keas gerade dabei waren unser Auto

Divide Pass mit Blick auf die steilen Berge mit den kleinen Wasserfällen oberhalb des Bergtunnels

Blick auf die noch von Schnee bedeckten Berge am Divide Pass

zu zerlegen haben wir diesen Wanderweg ausgelassen. Bei schönem Wetter ist er auf jeden Fall die Strapazen der zwei Stunden retour Wanderung wert, man hätte dabei eine Wahnsinnssicht von oben auf den Fjord mit dem Mitre Peak und die umgebenden Bergketten und Regenwälder.

Nach der grandiosen Aussicht auf dem Pass legten wir unseren nächsten Stopp am Lake Gunn ein. Ein Wanderweg entlang des Regenwaldes führt zu dem See. Der Regenwald ist hier dicht von Moos bewachsen und erstrahlt in einem durchdringenden grün. Unser letzter Stopp der Tagestour waren die Mirror Lakes, die glasklaren kleinen Seen spiegeln die Berglandschaft auf ihrer Wasseroberfläche wieder.

Blick auf die noch von Schnee bedeckten Berge am Divide Pass

Die Tagestour nach Milford Sound hatte es in sich. Mit Sicherheit eine der

Der Blick auf den Regenwald und den See am Ende des Wanderweges

besten Touren in ganz Neuseeland, mitten in dem Nationalpark der Fjordlands.

Hätten wir mehr Zeit in diesem wunderschönen Teil Neuseelands zur Verfügung gehabt, so wären sicherlich einige der besten Wanderwege Neuseelands in den Fjordlands infrage gekommen. Der Milford Track und der Kepler Track hätten mir besonders gut gefallen, aber für die Wanderwege sollte man 2- 4 Tage einplanen und lange im Voraus die Unterkunft für die Übernachtung in der abgelegenen Natur buchen. Wenn ich noch einmal nach Neuseeland reisen würde, dann würde ich mir auf jeden Fall die Zeit nehmen. Besonders der Milford Track hat es mir angetan, ein echtes Abenteuer durch die exotische Natur Neuseelands. Die Durchquerung von Regenwäldern, Hängebrücken und die Besichtigung der Sutherland Falls, die nur zu Fuß oder per Helikopter Flug zugänglich sind, Bergpässe und vieles mehr erwarten euch auf dem Milford Track. Wenn ihr also gerne wandert und ein echtes Neuseeland Abenteuer plant, dann scheut keine Mühe, die Tour zu planen und durchzuziehen.

Die Mirror Lakes entlang der Milford Sound Straße

The Bluff – Dunedin

Am nächsten Tag stand uns ein echter Marathon Roadtrip bevor, früh morgens checkten wir aus dem Hostel in Te Anau aus und fuhren noch kurz zu dem Lake Manapouri, ebenfalls ein ganz schöner See umgeben von großen Bergen. Da es zu regnen begann, entschieden wir uns gleich nach Dunedin zu fahren, eine der größten Städte an der Süd-Ostküste Neuseelands. Auf dem Weg kam mir plötzlich die Idee in den Kopf, an das Ende der Welt zu fahren, wenn wir schon mal so nahe dran sind. Ich bog nach rechts ab und der Weg führte uns nach Invercargill, die südlichste Stadt Neuseelands. 20 Minuten von Invercargill entfernt liegt

The Bluff – das Ende der Südinsel Neuseelands

The Bluff. Hier endet die Straße von Neuseeland, südlicher liegt nur noch der Rakiura Nationalpark auf einer Insel und der Südpol. Nach gut zwei Stunden sind wir definitiv am Ende der Straße Neuseelands angekommen. Weiter weg geht es leider nicht, von jetzt an beginnt also unser Rückweg.

Von The Bluff wollten wir noch zu der Curio Bay fahren. Hier gibt es eine große Gelbaugen-Pinguinkolonie. Kurz vor dem Strand endete aber die Teerstraße und es führte nur noch eine mit riesigen Löchern ausgestattete Strandstraße zu dem noch zehn km entfernten Strand. Mit unserem Mietwagen und vor allem mit unserem beschädigten Vorderreifen mussten wir leider die Entscheidung treffen, die Curio Bay auszulassen. Was für einen Umweg wir doch auf uns genommen haben um dorthin zu gelangen, aber sich zu ärgern bringt ja auch nicht viel. Mit Vollgas fuhren wir Richtung Dunedin und kamen nach insgesamt rund fünfeinhalb Stunden Autofahrt fertig an. Die Nacht verbrachten wir hier in dem YHA-Hostel. In Dunedin sind die Hostels wieder ein bisschen teurer als im Westen der Insel.

Dunedin liegt direkt am Meer und ist mit 118.000 Einwohnern die zweitgrößte Stadt der Südinsel. Mit über 20.000 Studenten, vielen Backpackern und jungen Leuten ist in der Stadt für ein reges Nachtleben gesorgt. Ein nicht zu großes schönes Städtchen an der Ostküste.

Am Abend wanderten wir noch ein bisschen durch die Stadt, zu der berühmten Eisenbahnstation, entlang der protestantischen Kirche und des Stadtzentrums.

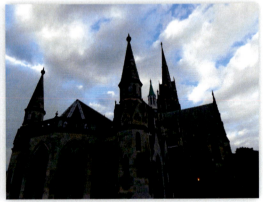

Der historische Bahnhof von Dunedin   *Die protestantische Kirche von Dunedin*

Andere Sehenswürdigkeiten in Dunedin sind das Larnach Schloss, als einziges Schloss Neuseelands in der Karte, zahlreiche Kirchen, unter anderem die St. Josephs Kathedrale und die erste Kirche von Dunedin (die protestantische Kirche im Bild oben rechts). Auch die Schokoladenfabrik von Cadburyworld sowie die steilste Straße der Welt kann in Dunedin besichtigt werden.

Am nächsten Tag hatten wir schon wieder einiges vor. Früh morgens fuhren wir zu der Baldwin Street, die steilste Straße der Welt. Sie befindet sich in der Stadt und führt bei einer Steigung von bis zu 35 Prozent hoch auf einen Hügel.

 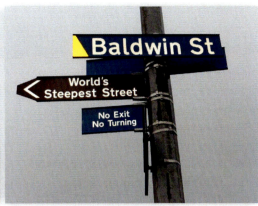

Baldwin Straße in Dunedin, die steilste Straße der Welt

Entlang der Straße stehen Häuser. Wie uns ein Anwohner berichtet, versuchen jeden Tag einige Leute die Straße mit ihrem Fahrzeug zu bezwingen. Nicht selten ohne Erfolg, so landen die Fahrzeuge manchmal in den Gärten und Zäunen der Anrainer. Wir sind die Straße natürlich zu Fuß abgelaufen, mit unserem Mazda wären wir nicht mal bis zu dem ersten Drittel der Straße gekommen, ehe wir in einem Garten gelandet wären.

Otago Peninsula nach Lake Tekapo

Nachdem wir in Dunedin unseren Wagen vollgetankt hatten, fuhren wir auf die angrenzende Otago Peninsula. Die Halbinsel ist 30 km lang und 12 km breit. Die Straße ist teilweise eng, sie führt entlang des Pazifischen Ozeans, wunderschön, mit Blick auf den Hafen von Dunedin und dem gegenüberliegenden Festland bis hin zu dem Taiaroa Head. Dort angekommen liefen wir zu den Klippen an das Ende der Peninsula, wo Tausende Vögel, unter anderem Albatrosse brüten. Ein wunderschöner Ausblick auf den Pazifischen Ozean und das Festland bietet sich hier. Auf der Peninsula werden auch Touren zu einer Gelbaugen-Pinguinkolonie

Der Blick auf die Straße

Blick auf den Pazifischen Ozean mit den großen Klippen von dem Taiaroa Head aus gesehen

angeboten, die sich auf einer nahen Insel befindet. Ein Leuchtturm steht auch auf der Penisula. Es ist einfach wunderbar, wenn man entlang dieser Straße an dem Taiaroa Head ankommt.

Lake Tekapo

Von der Otago Peninsula brausten wir mit dem Auto in Richtung Lake Tekapo. Die Fahrt dauerte insgesamt rund vier Stunden. Einen Zwischenstopp legten wir zwischen Dunedin und Oamaru ein. Er heißt Shag Point/Matakaea und ist auf einer Informationstafel an der Straße angeschrieben. Die kleine Seitenstraße führt entlang der Küste zu einem Parkplatz, wo einige Buchten zugänglich sind. Von hier aus kann

Eine Robbe beim Sonnenbad an der Shag Point/Matakaea Bucht

man Robben und Walrösser sowie Gelbaugen-Pinguine in der freien Wildbahn beobachten. Zahlreiche Robben und Walrösser schwammen in der Bucht und tankten ein bisschen Sonne. Nur die Gelbaugen-Pinguine wollten sich einfach nicht blicken lassen. Ein super Ort um die Tiere in freier Wildbahn zu beobachten. Falls ihr mit den Pinguinen auch kein Glück habt, kann ich euch Oamaru empfehlen. Einige Backpacker berichteten uns am Lake Tekapo, dass die Pinguine dort sogar die Straßen überqueren.

In der Nähe von Duntroon in dem Waitaki Distrikt legten wir unseren nächsten

Die super Landschaft auf dem Weg nach Lake Tekapo und die großen Stauseen im Hintergrund

Stopp ein, hier kann man neben der Straße Höhlenmalereien von den Maoris beobachten, die Malereien sind rund 200 Jahre alt und in den Höhlen der Felsen gemalt.

Die Höhlenmalereien der Maoris an den Felsen von Waitaki

Nachdem wir die Höhlenmalereien begutachtet hatten, fuhren wir an einigen großen Stauseen vorbei, welche von einer wundervollen Landschaft umgeben sind.

Kurz bevor wir an dem Lake Tekapo ankamen, fuhren wir entlang des Lake Pukaki. Dieser See strahlt in einer faszinierend hellblauen Farbe. Die typische Farbe der Seen entsteht durch das Gletscherwasser der umliegenden Gletscher und dem Abrieb der Gesteine durch die Krafteinwirkung des Gletschers. So einen blauen See habe ich in meinem ganzen Leben noch nicht gesehen.

Am Lake Tekapo genossen wir noch den wunderschönen Sommertag und wanderten ein bisschen um den See. Unser Hostel, die Lake Backpackers Lodge

Der Pukaki See ganz hellblau *Der Tekapo See dunkelblau*

war wie der Name schon sagt direkt an dem See gelegen und hat uns gut gefallen.

Am Lake Tekapo liegen auch die weit bekannten Tekapo Springs, hier kann man in heißen Bädern und Pools mit Blick auf den See und das umliegende Panorama ein paar gute Wellness Tage einlegen, ein idealer Ort für einen Kurzurlaub.

Am nächsten Tag wanderten wir von unserem Hostel in gut einer Stunde auf den Mount John, der Weg führt direkt von dem See durch den Wald bis auf die Spitze des Berges. Von oben hat man eine wunderbare 360 Grad Panoramasicht über die gesamte Landschaft, den Pukaki See, den Tekapo See, die Südalpen, die unglaubliche Landschaft und sogar den Mt. Cook, den höchsten Berg Neuseelands kann man von dem Aussichtspunkt erkennen. Auf dem Berg befindet sich auch ein Planetarium. Falls ihr keine Lust habt, zu wandern kann man auch mit dem Auto ganz hoch fahren.

Blick von dem Mount John auf die Seen und Südalpen

Blick von dem Mount John auf die unberührte Natur rund um den Lake Tekapo

Hanmer Springs
Von dem Lake Tekapo ging unsere Reise nach der Besteigung des Mount John zu den Hanmer Springs. Auf dem Weg mussten wir leider einen Boxenstopp einlegen und endgültig unseren stark in Mitleidenschaft gezogenen Vorderreifen wechseln lassen, da wir Luft verloren haben. Die Fahrt dauerte fast fünf Stunden. Hanmer Springs war eigentlich kein gewünschtes Reiseziel in Neuseeland, aber da der Weg zu der Golden Bay so weit ist und wir Christchurch schon gesehen haben, dachten wir uns, dass dieser Ort gut für eine Übernachtung geeignet sei. Die Fahrt nach Hanmer Springs war eigentlich relativ unspektakulär, deshalb dauerte die Fahrt umso länger und verging nicht im Fluge wie die Autofahrten der letzten Tage.

Die Hanmer Springs sind wie der Name schon sagt bekannt für ihre Thermalquellen und ein beliebtes Reiseziel während des gesamten Jahres für Wander- Mountainbike und Wellness-Urlaub. In dem nahe gelegenen Fluss und der Brücke, die wir mit dem Auto überquert haben, wird Wildwasserrafting und Bungy Jumping angeboten. Im Winter kann man in zwei nahe gelegenen Schneegebieten Ski fahren. Wir übernachteten in einer Lodge, da die Hostels weitgehend ausgebucht waren. Ich würde euch das YHA-Hostel in Hanmer Springs empfehlen.

Golden Bay
Den Tag darauf fuhren wir nach einer erholsamen Nacht in Hanmer Springs zu der Golden Bay. Die Fahrt dauerte rund dreieinhalb Stunden. Besonders cool fand ich die Passstraße auf den Takaka Hill. Dieser Pass ist die einzige Straße zur Golden Bay, 760 Meter über NN. Von der Spitze des Passes kann man von einigen Lookouts über weite Teile des Landes und auf das Meer blicken. Eine traumhafte Aussicht.

Blick von dem Takaka Hill Pass über das Land und das Meer

Von der Spitze des Takaka Hill ist es nicht mehr weit bis zu der Golden Bay. Wir übernachteten wieder in dem YHA-Hostel, wobei das Hostel mehr ein Haus war, in dem die Leute zusammenwohnten. Sucht euch lieber ein anderes Hostel an der Golden Bay. Die Golden Bay ist eine große Bucht im Norden der Südinsel.

Der niederländische Entdecker Abel Tasman strandete hier als erster Europäer im Jahr 1642, vier Besatzungsmitglieder wurden damals von den Maoris getötet und Abel Tasman ergriff die Flucht. Nach ihm wurde auch der kleinste Nationalpark Neuseelands, der Abel Tasman Nationalpark benannt, der an die Golden Bay angrenzt. James Cook gab der Bucht 1769 den Namen „Golden Bay".

Farewell Spit

Den nächsten Tag nützten wir dazu, um zu der Farewell Spit zu fahren. Mit dem Auto fuhren wir auf dem Highway bis nach Collingwood, von hier führt eine kleine Straße bis zu dem Parkplatz an dem Strand, wo die Farewell Spit seinen Anfang nimmt. Die Farewell Spit ist eine Landzunge, die aus Sand besteht und 32 km in das Meer hinausragt. Die Landzunge umschließt die Golden Bay im Norden, deshalb ist das Meer innerhalb der goldenen Bucht relativ ruhig. Die Farewell Spit entstand und entsteht durch die starken Strömungen der Cookstraße in Kombination mit den starken Wellen, die von West und Süd-West kommen. Die Westland und D`Urville Strömung treiben den Sand zuerst Richtung Norden und dann in die Golden Bay, von hier strömt der Sand wieder nach Westen und setzt am Ende des Farewell Spit auf. So kann die Landzunge immer weiter anwachsen. Durch die starken Winde und den Sand wächst die Insel somit in die Länge. Auf einem Informationsschild konnten wir lesen, dass die Landzunge in der letzten

Der Strand der Farewell Spit

Eiszeit, als der Meeresspiegel noch tiefer war, bis zu der Nordinsel gereicht hatte. Aktuell ist die Landzunge wieder am Wachsen und wird von Jahr zu Jahr länger.

Ein gestrandeter Wal

Ein einzigartiges Naturphänomen. Als wir entlang des Strandes hoch wanderten, war mein Ziel natürlich bis an das Ende der Farewell Spit zu gehen. Nach nicht allzu langer Zeit konnten wir einen gestrandeten Grindwal an der Küste sichten. Bis zum Ende der Wanderung kamen leider noch viele Wale dazu. Das Wasser zieht sich bei Ebbe rund 7km zurück und die gesamte Küste wird zu einer tödlichen Falle für die Meeressäuger. Als wir den Strand bei Flut hochliefen, reichte das Wasser noch bis zu der Sandzunge, einige Stunden später konnte man das Meer gar nicht mehr sehen, nur noch die Grindwale an der Küste.

Als mir nach gut 10 km zum ersten Mal der Gedanken kam auf die Sanddüne zu steigen konnte ich den Anblick kaum glauben. Es war windig und vor uns stand eine kilometerweite Sandwüste, man könnte fast meinen in einen Sandsturm inmitten der Sahara geraten zu sein, wenn man darin steht. Natürlich wollten wir die Sandwüste überqueren, um auf die andere Seite der Farewell Spit zu gelangen. Auf dem halben Weg mussten wir aber meine absurde Idee verwerfen, der Wind war so stark, dass es sich anfühlte, als würde sich der Sand direkt durch die Haut in meine Muskel und Knochen bohren.

Blick von der Düne auf das Meer   *Blick auf die Wüstenlandschaft auf dem Farewell Spit*

Der Nordwind weht hier das ganze Jahr mit einer Durchschnittsgeschwindigkeit von 25 km/h, aber an diesem Tag waren es bestimmt mindestens 70 km/h. Zurück auf der windstillen Seite angekommen wanderten wir noch gut fünf km Richtung Norden und kletterten hier noch einmal auf die Sanddüne. Hier bot sich ein total anderes Bild, die Sanddüne war dicht bewachsen, sogar ein kleiner See befand sich auf der Düne. Leider war die Düne hier so dicht bewachsen, dass wir sie ebenfalls nicht überqueren konnten. Wir entschieden uns für die Rückkehr zu unserem Auto, da von dem Ende der Farewell Spit noch keine Spur war. Wie lang und groß diese Landzunge ist, wird einem erst bewusst, wenn man mehrere Stunden darauf läuft oder besser gesagt den gesamten Weg wieder zurücklaufen muss.

Blick auf die Sahara, der Farewell Spit, Sand soweit das Auge reicht. Sogar in unseren Augen

Nach dem Marathon sind wir irgendwann doch noch an unserem Auto heil angekommen, den Rest des Tages nützten wir, um die schönsten Strände der Golden Bay abzufahren. An dem Ende der Golden Bay, kurz vor Beginn des Parkplatzes an dem Farewell Spit gibt es eine Straßenabzweigung, die zu dem Wharakiri Beach führt, einen der schönsten Strände in ganz Neuseeland. Dazu müsst ihr zu dem Wharakiri Holiday Park fahren, auf die Gegenseite der Golden Bay und ein kleines Stück wandern. Bei uns begann es leider gerade zu regnen, und da wir bereits 30 km in unseren Beinen hatten, haben wir den Wharakiri Beach Walk leider ausgelassen. Der Wanderweg zu einem wunderschönen Lookout dauert nur eine Stunde retour, alle Backpacker schwärmten von ihm. Von dem Lookout auf dem Wharakiri Beach Walk soll man über hohe steile Felsklippen direkt auf die Felsformationen in dem Meer der Golden Bay sehen können. Bei Ebbe ist es sogar möglich, zu den Felsformationen ins Meer hinzulaufen. Lasst diesen Track also auf keinen Fall aus, wir haben es bereut, aber gegen den Wettergott kann man leider nichts machen.

Die Ebbe an dem Strand der Farewell Spit – das Meer ist weg!
Der See auf der Düne der Farewell Spit

Als Ersatz für den Wharakiri Strand fuhren wir in den sonnigen Abschnitt der Golden Bay und machten Halt an dem Port Tarakohe, hier führt eine Straße mit steilen Klippen zu einem schönen Hafen. Auf der Straße sind auch Pinguin-Warnschilder, sie scheinen hier des Öfteren die Straßen zu überqueren, leider lief uns wiedermal keiner über den Weg, aber allein schon die Vorstellung ist lustig. Den Rest des Tages chillten wir auf dem Strand entlang der Limestone Bay nahe des Tarakohe Hafens, hier schien auch die Sonne. Ein ganz schöner Strand, nur war leider auch hier die Ebbe stark ausgeprägt. Entlang der Golden Bay

Das Pinguin Warnzeichen

Der Blick auf die Bucht entlang des Tarakohe Hafens

wurden auch einige Szenen aus dem Film „Der Herr der Ringe" gedreht.

Am nächsten Tag mussten wir die Golden Bay leider verlassen, unser Zeitplan ist strikt und hat uns dadurch keinen zusätzlichen Tag in der traumhaften Landschaft gegönnt. Unser Weg führte uns zurück über den Takaka Hill nach Nelson.

Leider haben wir auch den Abel Tasman Nationalpark ausgelassen, ein schwerwiegender Fehler, wie sich im Nachhinein herausstellte. Der Nationalpark ist zwar der kleinste Neuseelands, doch man darf ihn nicht unterschätzen. Man kann den Park entweder entlang des 51 km langen Abel Tasman Coastal Track erkunden oder auch mit dem Kajak entlang des Meeres fahren, dazu werden mehrere Touren angeboten. Wenn ich mir die Bilder des Tasman Nationalparks angeschaut habe, dann habe ich mir in den Arsch gebissen, weil wir unseren letzten Tag nicht dort verbracht haben. Man kann die Tour entweder im Norden bei Totaranui oder im Süden bei Marahau starten und beendet die Tour dann am anderen Ende des Nationalparks. Abel Tasman ist bekannt für seine zahlreichen Buchten mit Traumstränden und türkisblauem Meer. Robben, Pinguine sowie die Wälder des Regenwaldes und Natur pur warten auf euch. Nutzt die Chance und nehmt euch die Zeit um den kleinsten Nationalpark Neuseelands zu erkunden.

Nelson
Die Fahrt nach Nelson dauerte nicht einmal eine Stunde, hier kann ich euch das Beach Hostel empfehlen, es war definitive klasse. Nelson ist mit 50.000 Einwohnern eine der größten Städte der Südinsel. Am Vormittag liefen wir durch das Stadtzentrum, es ist eigentlich schon ein schönes Städtchen. Auf dem Montgomery Square sind wir zufällig auf den Nelson Markt gestoßen, der nur jeden Samstag von 08:00 bis 13:00 Uhr stattfindet. Was

Blick durch die Stadt Nelson

für ein Zufall, meine Freundin hat sich gefreut. Es wurden allerlei Sachen angeboten, von Kuchen, Obst und Gemüse bis hin zu Schmuck und Kunst sowie neue Erfindungen und Arzneimittel war alles dabei. Wir haben erst einmal ordentlich gefrühstückt, ein holländischer Konditor hat es geschafft, uns wohl den besten Kuchen der Welt anzudrehen. Ganz besonders cool fand ich einen Mann, der künstlerischen Piratenschmuck per Handarbeit kreiert, aber der hatte auch seinen Preis. Nachdem wir den ganzen Markt zweimal abgelaufen sind, gingen wir noch zu der anglikanischen Christus Kathedrale, eine wunderschöne Kirche mitten im Zentrum der Stadt. Wir guckten sie auch von innen an und zündeten noch eine Kerze an, damit auch der Rest der Reise so gut verläuft wie bisher. Die Bauzeit der Kirche betrug übrigens satte 47 Jahre.

Blick auf die anglikanische Kirche in Nelson

Der riesige Sandstrand von Nelson

Am Nachmittag besuchten wir den Tahunanui Strand, ein ewig langer und breiter Sandstrand, ideal zum Schwimmen, Windsurfen, Joggen und Relaxen. Nelson müsste eigentlich die ideale Stadt für Backpacker sein. Super Strände und Ausgangspunkt für schöne Touren, dazu noch die meisten Sonnenstunden von ganz Neuseeland. In der Stadt könnte man es durchaus länger aushalten.

Picton

Am letzten Tag auf der Südinsel fuhren wir nach Picton, von wo aus morgen unsere Fähre auf die Nordinsel startet. Die Fahrt nach Picton war ein Traum! Auf der Straße gibt es viele Plätze um einen Stopp einzulegen. Den Ersten legten wir an einem Fluss ein, nachdem wir ihn überqueren. Der Fluss ist glasklar, erstrahlt in Blaugrün und lädt zum Baden ein. Danach entschieden wir uns für einen kurzen Umweg zu der Okiwi Bay. Wenn ihr auf dem St. Highway 6 unterwegs seid, könnt ihr nach gut einem Drittel der Strecke nach links abbiegen. Die Fahrt zu der Okiwi Bay hat sich laut meiner Meinung gelohnt. Guckt selbst auf die Fotos unten und entscheidet, ob es sich für euch auszahlt. Ich finde der Ausblick auf die Bucht von dem Lookout sieht doch eigentlich nicht schlecht aus. Falls ihr genügend Zeit und Sprit im Auto habt, dann wagt doch einfach einen kleinen Abstecher.

Blick auf die Okiwi Bay und den umliegenden Regenwald

Zurück auf dem Weg Richtung Picton, führte die Straße am Ende über Bergstraßen durch den Regenwald, entlang von Meeresbuchten vorbei an faszinierenden Lookouts über die umgebende Traumlandschaft.

Die Feuertänzer auf dem maritimen Festival in Picton   *Das Feuerwerk am Hafen*

In Picton angekommen und alles für die anstehende Fährenfahrt des nächsten Tages organisiert, wanderten wir durch die Stadt Richtung Hafen. An dem Ufer von Picton war die Hölle los: Es war maritimes Festival! Was für ein Glück. Einmal jährlich findet das Festival statt und wir waren genau an diesem Tag hier. Es traten mehrere gute Bands auf, die zum Teil Lieder coverten oder ihre eigenen Lieder performten, Künstler und Tänzer boten ihre Show, Feuertänzer und Feuerspucker trieben ihr Unwesen und spielten eine Art Feuer-Theaterspiel vor. Am Ende gab es auch noch ein riesiges Feuerwerk direkt an dem Hafen unter den Palmen.

Fährenfahrt auf die Nordinsel

Um Punkt 08:00 Uhr morgens fuhren wir am nächsten Tag mit unserem Auto auf die Interislander Fähre von Picton nach Wellington auf. Die Fahrt mit der Fähre dauerte gut drei Stunden und war eines der Highlights unserer Reise durch Neuseeland. Am Anfang führte die Fährenfahrt durch die Fjorde des Marlborough Sound, entlang von kleinen Inseln und zahlreichen Einblicken in verschiedene Fjorde des Marlborough Sound und den umgebenden Regenwald auf dem Festland. Die Schönheit der Landschaft kann man in Worten schwer ausdrücken.

Am Ende der Fjorde gelangt man auf das Meer, im Hintergrund blickt man

Fahrt durch die Marlborough Sound Fjorde

Der Blick zurück auf die Südinsel von der Cookstraße

Der Wind, der durch die Haare weht während der Fährenfahrt

Der Blick auf Wellington

auf die felsigen Klippen und das grüne Land der Südinsel, während man in die Cookstraße (Meerenge zwischen Nord und Südinsel) nach dem Entdecker James Cook benannt einfährt. Hier trifft die Tasmansee auf den Pazifischen Ozean. Die Winde durch die Cookstraße zwischen Ost und West prallen aufeinander, deshalb weht hier das ganze Jahr ein starker Wind. Die Fähre neigte sich stark nach rechts, da der Wind stark von dem Osten her wehte.

Auf dem Deck konnte man sich fast nicht mehr halten so stark war der Wind. Nur eine Schnappatmung war möglich und unsere Haare wirbelten wild durch die Gegend. Meine Sonnenbrillen flogen mehrere Meter durch die Luft und landeten im Ozean. Es ist schon ein echtes Erlebnis durch diese windige Meeresenge zu fahren. Am Ende der Fahrt konnte man bereits auf die Hauptstadt Neuseelands blicken, die direkt am südlichen Festland der Nordinsel liegt. Ein super Anblick wie Wellington entlang der Küste aufgebaut ist.

Wellington

Pünktlich zu Mittag verließen wir die Fähre in Wellington mit unserem Auto und legten natürlich einen Stopp in der Hauptstadt ein. Wir stellten das Auto im Zentrum von Wellington ab und liefen einfach mal auf gut Glück kreuz und quer durch Wellington. Die Stadt hat mir gut gefallen, aber auf dem Hafen war es unglaublich windig, daran müsste man sich in dieser Stadt erst einmal gewöhnen. Die Stadt besitzt ja schließlich den Spitznamen „Windiges Wellington".

Von dem windigen Hafen gingen wir an der Oper vorbei in Richtung Cuba Street, eine der besten Straßen von Wellington. Hier wird an Lebensmitteln, Restaurants, neuester Mode, Cafés und Kettensägen bis hin zu chinesischer Medizin alles angeboten. Ein schöner bunter Mix, die Straße ist absolut sehenswert.

Der Wind machte es an der Strandpromenade unmöglich auf der Eisenkugel zu balancieren

Von der Cubastraße gingen wir zu dem Civic Square, ein schöner und erst vor Kurzem neu gestalteter Platz im Zentrum Wellingtons. Hier machten wir einen kurzen Abstecher in eine Kunstausstellung der City Gallery. Hierbei handelte es sich um eine Art Laserkunst

Wanderweg entlang der Küste von Wellington

und Performanceausstellung. Die restliche Zeit wanderten wir durch die Stadt und versuchten so viele Eindrücke wie möglich mitzunehmen. Die Stadt wird auch Wellywood genannt, da hier im Jahr 2003 die Weltpremiere des Films „Herr der

Blick auf die Cuba Street in Wellington

Ringe" stattfand und die Umgebung rund um Wellington als Drehort für viele Filme zählt wie z. B. auch „Der Hobbit". Als wir zu unserem Auto zurückgekehrt sind, fuhren wir noch an dem Parlament von Wellington vorbei, bevor wir den langen Weg zu dem Tongariro Nationalpark in Angriff nahmen.

Tongariro Nationalpark

Der Verkehr auf der Nordinsel ist bedeutend stärker als auf der Südinsel, aber Gott sei Dank hatte ich mich bereits gut auf den Linksverkehr eingestellt. In einer Hauptstadt wie Auckland oder Wellington in den Linksverkehr zu starten wäre schon etwas schwieriger gewesen als in dem ruhigen Christchurch. Die Landschaft rund um Wellington mit all den Hügeln hat mir gut gefallen, man könnte fast meinen, dass man in einer riesigen Hobbitstadt gelandet ist. Raus aus Wellington fuhren wir den Highway 1 die Westküste hoch, die Straße führt direkt am Tasmanischen Meer entlang. Von Whanganui schickte uns das Navigationsgerät über kleine Landstraßen in das Landesinnere, bis wir es ausschalteten und selbst das Kommando in die Hand nahmen. Wie genau wir schlussendlich zu dem Tongariro Nationalpark gekommen sind, weiß ich selbst nicht mehr, aber es müsste der Nationalpark Highway gewesen sein. Ich schätze mal den Highway 4 entlang. Eine atemberaubende Straße durch dichte hellgrüne Regenwälder und hügelige Landschaften voll von Schafen, die an die Filme von der Hobbit und Herr der Ringe erinnert.

Als wir den Sonnenuntergang auf der Spitze einer Hügellandschaft beobachtet hatten und wieder Richtung Nationalpark weitergefahren sind, stieg plötzlich ein riesiger Vulkan hinter den Hügeln hervor. Der Mount Ruapehu war mindestens noch 50 km entfernt und übertrumpfte bereits die Hügellandschaft. Ein

Wahnsinns-Anblick. Je näher wir dem Vulkan kamen umso flacher wurde die Landschaft und umso größer erschien der Vulkan. Auf der Spitze des Vulkans lag sogar noch jede Menge Schnee. Der Mount Ruapehu ist der größte Vulkan

Die Hügellandschaft auf dem Weg zu dem Tongariro Nationalpark

und zugleich die größte Erhebung auf der Nordinsel mit rund 2797 Meter Meereshöhe. Der Vulkan ist immer noch aktiv und brach zuletzt im Jahr 2007 ohne Vorwarnung aus. Auf dem Vulkan befindet sich ein Kratersee sieben

Blick auf den Vulkan Mt. Ruapehu

Gletscher und drei Skigebiete: Whakapapa, Turoa und Takino.

Unsere Unterkunft hatten wir in dem kleinen Örtchen namens Nationalpark gebucht. Wir zogen für drei Tage in die Ski Haus Lodge ein. Das Doppelzimmer war ok und die Lodge selbst ebenfalls. Leider war für die nächsten drei Tage starker Regen vorhergesagt, aber für den kommenden Vormittag sollte das Wetter noch akzeptabel sein. Also riskieren wir morgens sofort den Aufstieg auf die Spitze des Mount Ruapehu.

Besteigung des Vulkanes Mt. Ruapehu

Am nächsten Tag war es soweit, wir fuhren voller Vorfreude mit dem Auto nach Whakapapa, von wo aus wir die Sesselbahn bis zu der Bergstation nahmen (Kosten: 18 Euro). Die Sesselbahn benützten wir natürlich nur, um rechtzeitig die Spitze des Vulkans zu erreichen, bevor das Wetter sich schlagartig verändern sollte. An der Talstation werden Wandertouren und Karten für die Besteigung des Mount Ruapehu angeboten. Wir wollten den Vulkan aber alleine besteigen ohne Karte, leichtsinnig im Nachhinein. Als wir losgingen, wurde uns schnell klar, dass es hier weder einen Wanderweg noch eine Wegkennzeichnung gibt. Schnell verloren wir die Orientierung und kamen immer wieder mal von der Route ab. Man musste sich an Fußtritte in der Asche zwischen den Steinen orientieren. Der Vulkan besteht mehr oder weniger aus riesigen Steinen, über die man sich den Berg hochkämpfen muss. Im Winter muss es hier mindestens zwei Meter Schnee haben ansonsten kann ich mir das Skifahren nicht vorstellen bei den riesigen Gesteinsbrocken. Als wir nach gut einem Drittel der Strecke wieder einmal total die Orientierung verloren hatten und mitten in einem Lahargraben standen, mit losen Gesteinsbrocken an den Hängen über uns realisierten wir, dass wir in einer brenzligen Situation steckten. Da entdeckten wir eine Wandergruppe auf der gegenüberliegenden Seite der Schlucht. Schnell beschlossen wir zurückzuwandern, den Graben unten zu

Blick von der Sesselbahn und dem Mount Ruapehu auf den Mount Ngauruhoe und Mount Tongariro, die drei Vulkane des Tongariro Nationalparks

überqueren und uns an die Gruppe dranzuhängen, damit wir nicht ständig von dem Weg abkommen. Die Aussicht über die steinige Landschaft, die Vulkane und den Nationalpark während des Aufstieges war einzigartig und unbezahlbar.

Die Verfolgung der Gruppe hat schlussendlich so gut geklappt, dass wir die letzten Kilometer auch ohne fremde Hilfe alleine zu dem Gipfel des Mount Ruapehu gefunden haben. Das Wetter hat gut gehalten, auf dem Gipfel selbst begann es dann, zu schneien. Wir wanderten auf dem schmalen Grat neben dem riesigen Krater bis hin zu dem Kratersee. Der Kratersee hat eine Temperatur von 40 Grad und eine blaugraue Farbe. Wenn man auf dem Krater des Vulkans steht und auf das umliegende 360-Grad-Panorama der kargen steinigen Landschaft mit den ganzen Vulkanen blickt, erscheint es etwas surreal, ich konnte es kaum glauben. Wir haben es geschafft und stehen auf dem höchsten Vulkan von Neuseeland.

Blick auf den Kratersee und den Grat entlang des riesigen Kraters des Mount Ruapehu

Nach dem Abstieg gönnten wir uns ein paar heiße Schokoladen in dem Bergrestaurant und informierten uns ein bisschen über den Vulkan. In dem Restaurant stehen interessante Informationstafeln. Darauf fuhren wir mit der Sesselbahn zurück zu der Whakapapa Talstation und wanderten zu dem Drehort für „Herr der Ringe" (30 Minuten retour). Hier wurde eine der Mordor Szenen „Die große Schlacht" gedreht, in der sich Frodo Sam und Gollum getroffen haben. Wir fanden eine riesige Schlucht mit einem super Ausblick auf den Mt. Ngauruhoe am Ende des Weges, setzten uns auf die Felsen der

Blick auf die Rückseite der Mead`s Wall auf die Schlucht

riesigen Schlucht und genossen die einzigartigen Blicke auf diese außergewöhnliche Landschaft.

Wie ihr in dem Bild rechts erkennen könnt sollen am Abend in dem Nationalpark Kiwis aktiv sein. Der Kiwi ist der kleinste Laufvogel und ein Endemit Neuseelands.

Hier war es für ihn über tausende von Jahren nicht überlebenswichtig, fliegen zu können, weshalb er es als „unnütz" verlernte. Der Vogel steht unter Naturschutz und ist das Nationalsymbol der Neuseeländer, die sich selbst auch als Kiwis bezeichnen. Leider haben wir während unserer Wanderungen in dem Nationalpark keinen Kiwi in der freien Wildbahn erblicken können, da es ja nur wenige gibt und sie vor allem nachtaktiv sind.

Kiwi Warnschild mit dem Ruapehu Vulkan im Hintergrund

Tongariro Alpine Crossing

In den nächsten zwei Tagen schüttete es beinahe den ganzen Tag wie aus Eimern. Trotzdem wollten wir es uns nicht entgehen lassen die berühmte Alpine Tongariro Überquerung zu bestreiten. Der Wanderweg ist wohl einer der berühmtesten von ganz Neuseeland. Er ist 19 km lang und führt hoch auf alpines Gelände über Vulkankrater entlang von Kraterseen der Vulkane Mt. Ngauruhoe und Mt. Tongariro. Die Überquerung dauert rund sechs Stunden und ist bei gutem Wetter ein absoluter Traum, wie man an den Bildern in unserer Lodge erkennen konnte. Wer will und genügend Kraftreserven hat, kann auf dem Weg auch noch einen kurzen Abstecher auf die Spitze des Mount Ngauruhoe (2291 Meter) und des Mount Tongariro (1967 Meter) absolvieren. Die Wege auf die Vulkane sind steil und ein gutes Schuhwerk ist erforderlich.

Unser Startpunkt war das Mangatepopo Valley. Unterwegs hatten wir bereits zwei Backpacker, einen aus Puerto Rico und eine aus Italien bis zu dem Parkplatz in unserem Auto mitgenommen. Sie waren mit von der Partie bei diesem Wetter und bestritten mit uns die Überquerung. Anfangs geht der Weg relativ leicht ansteigend entlang des Flusses bis zu den Wasserfällen auf der Gegenseite des Flusses (Soda Springs genannt) bis zu diesem Punkt benötigt man eine Stunde. Kurz vor den Soda Springs kann man noch die erstarrte Lava erkennen. Der Mount Tongariro brach das letzte Mal im Jahr 2012 nach 115 Jahren des Schlummerns wieder aus. Von den Soda Springs steigt der Weg steil an und führt über das Treppenhaus des Teufels (Devil`s Staircase) hoch bis auf alpines Gelände. Den Südkrater erreichten wir eine Stunde später, es handelt sich dabei um einen Kilometer langen flachen braunen Krater. Bereits auf den Teufelstreppen begann es stark zu regnen. Das Wasser tropfte sogar aus unserer Unterwäsche, wenn man duschen geht wird man auf jeden Fall weniger nass, aber wir wollten natürlich nicht aufgeben.

Von dem Südkrater ging es hoch auf den höchsten Punkt der Tongariro Über-

Blick auf den Südkrater bei strömenden Regen und Nebel

querung, dem roten Krater, der immer noch aktiv ist (1886 Meter). Da der Nebel inzwischen so stark war, dass man die wunderschönen Seen und die Landschaft sowieso nicht mehr erkennen konnte und der Regen sich langsam in Schneeregen verwandelte, entschieden wir uns schweren Herzens für die Rückkehr. Unsere Alpine Tongariro Überquerung war also mehr ein Überlebenskampf als eine schöne Tagestour. Bei schönem Wetter ist diese Wanderung mit Sicherheit eine der schönsten auf der ganzen Welt. Die muss man einfach machen wenn man auf der Nordinsel ist.

Auf der anderen Seite des roten Kraters hätten uns noch die Emerald Lakes und der Blue Lake, sowie die heißen Quellen erwartet, bis der Wanderweg an dem Ketetahi Parkplatz sein Ende findet. Falls ihr mit dem Auto unterwegs seid, besteht die Möglichkeit euch mit anderen Backpackern zusammenzuschließen. So startet eine Gruppe von dem Ketetahi Parkplatz und die andere in dem Mangatepopo Valley. Die Schlüsselübergabe könnt ihr dann auf dem roten Krater machen und trefft euch anschließend wieder in dem Hostel. Die Tourbusse sind überteuert und wollen euch nur das Geld aus den Taschen ziehen. Im schlimmsten Fall kann man ja auch per Autostopp zurückfahren, an schönen Tagen sind ja bis zu 700 Leute auf dem Wanderweg anzutreffen, da bietet sich mit Sicherheit eine Mitfahrgelegenheit.

Die Tage in dem Nationalpark waren einfach Weltklasse. Ich kann euch nur empfehlen hier einige Tage Halt zu machen und die Natur zu genießen. Die Besteigung des Mount Ruapehu und die Alpine Tongariro Überquerung wird euch für immer in Erinnerung bleiben.

Taupo

Unser nächster Stopp in Neuseeland war Taupo, hier liegt der berühmte Tauposee. Die Fahrt dauerte eine Stunde und 15 Minuten, kurz vor der Stadt gibt es auf der Straße noch einen schönen Lookout auf den See und die umliegende Umgebung.

Am Nachmittag gingen wir zu dem Tauposee, dem größten See Neuseelands wo wir uns erst mal von der Fahrt erholten. Am späten Nachmittag fuhren wir dann zu dem Waikato Fluss, den längsten Fluss Neuseelands. Dazu fuhren wir nur fünf Minuten von Taupo, zu dem Thermal Explorer Highway und bogen in die Huka Falls Straße ab. In nur zwei Minuten gelangt man hier zu Fuß zu dem Waitako Fluss. Eine Brücke führt über einen kleinen Canyon auf die Gegenseite des Flusses. Unglaubliche Wassermassen bahnen sich hier ihren Weg durch den schmalen Canyon und stürzen sich über die Huka Falls. Unterhalb wird der Fluss wieder breiter und man realisiert wie viel Wasser aus dem kleinen Canyon schießt, 220.000 Liter pro Sekunde!

Taupo ist eines der beliebtesten Reiseziele auf der Nordinsel.

Blick auf den Tauposee und die Landschaft

Die Huka Falls des Waitako Flusses

Deshalb wird hier wieder jede Menge für die Touristen und Backpacker angeboten. Die unzähligen Aktivitäten sind ähnlich wie in Queenstown: Skydiven, Bungy Jumping, Speedboot Touren, Partys und vieles mehr. Für Action ist also auf jeden Fall gesorgt, wenn man Lust darauf hat. Zudem liegt der See auf dem Zwischenweg von dem Tongariro Nationalpark und Rotorua, hier einen Zwischenstopp einzulegen ist also ideal und dazu gibt es auch noch einiges zu sehen. Als Hostel empfehle ich euch die Rainbow Lodge Backpackers.

Rotorua
Auf geht's nach Rotorua! Früh am Morgen starteten wir zu dem berühmt berüchtigten Thermal-Städtchen im Norden von Taupo, das in aller Munde ist. Auf dem Thermal Explorer Highway gibt es so viele interessante Sachen zu besichtigen, dass wir für die einstündige Fahrt den gesamten Tag gebraucht haben. Nach sieben Kilometern machten wir Halt an den „Craters of the Moon". Es handelt sich dabei um einen geothermalen Rundweg. Auf dem 45-minütigen Wanderweg sind viele Krater zu sehen, aus denen schwefelhaltige Gase aufsteigen. Diese Zone ist stark geothermal aktiv. Die Krater entstanden durch Explosionen, da der produzierte Druck durch die Dämpfe unter der Erde den Druck der Erdoberfläche überschritt. Bei den Explosionen werden also Schlamm, heißes Wasser und Dämpfe in die Luft gesprengt. Auch kochende Schlammseen, Fumarolen (Öffnungen der Erdoberfläche aus denen Wasserdampf mit vulkanischen Gasen steigt) sind hier zu beobachten.

Blick auf die Craters of the Moon mit den aufsteigenden vulkanischen Dämpfen

Entlang der heißen Krater hat sich eine einzigartige Vegetation aus verschiedenen Pflanzen und Sträuchern entwickelt, die nur in diesem Klima überleben kann. Ein Rundgang mit drive! Es sieht wirklich ein bisschen aus wie auf dem Mond mit seinen Kratern. Man kann die Hitze aus dem Erdinneren regelrecht spüren, wenn man an den Kratern entlangwandert.

Zurück auf dem Weg nach Rotorua

machten wir unseren nächsten Stopp bei den Rainbow Mountains. Diese befinden sich 26 km vor Rotorua. Die Berge strahlen in Regenbogenfarben. Es besteht die Möglichkeit bis auf die Spitze der Berge zu laufen. Der Wanderweg dauert

Der blaue Kratersee

Der Blick auf die Rainbow Mountains

eine Stunde und 30 Minuten. Wir entschieden uns aber dazu nur bis zu dem Kratersee zu gehen (30 Minuten retour). Der Kratersee liegt hellblau inmitten des grünen Rahmens, den muss man sich anschauen. Als wir den Blick auf die Berge richteten konnten wir Dämpfe erkennen die aus den Felsen und der Erde stiegen, die geothermale Aktivität ist seit dem Mount Ruapehu unser ständiger Begleiter, faszinierend.

Unser nächster Stopp war nicht weit von den Rainbow Mountains entfernt. Man biegt von dem Thermal Explorer Highway auf die Waimangu Straße ein und fährt die Straße bis zu dem Waimangu Valley. Der Eintritt in das vulkanische Waimangu Valley kostet zwar 22 Euro, aber ist dies auch auf jeden Fall wert. Die Entstehung des Waimangu Valley ist auf den Ausbruch des Mount Tarawera im Juni 1886 zurückzuführen, in einem weiten Umkreis wurde damals das gesamte Ökosystem mit seiner Tier und Pflanzenwelt komplett ausgelöscht. Auch die Pink and White Terraces (riesige Sinterterrassen), welche das wichtigste Touristenziel zu dieser Zeit in Neuseeland waren,

Blick auf das Waimangu Valley

wurden bei dem Ausbruch des Vulkans komplett vernichtet. Als wir das Tal von dem Besucherzentrum aus betraten konnte man fast nicht glauben, was sich hier vor rund 128 Jahren abgespielt haben soll. Das gesamte Tal ist jetzt von Wäldern und Pflanzen bewachsen, die das Tal in einem saftigen grün erscheinen lassen. An den Bäumen zwitschern die Vögel, es ist wie ein kleines Paradies. Was man in diesem Tal alles vorfindet, ist schlichtweg einzigartig. Mitten in der grünen Landschaft zeigt sich die geothermale Aktivität nahezu an jeder Ecke. Sofort nach dem Start der Wanderung erscheint bereits ein Kratersee – der Emerald Lake in dem grünen Regenwald. Die Kraterseen und Vulkankrater, Geysire, Sinterterrassen, dampfenden und blubbernden Flüsse, die sich durch den Wald schlängeln, Dampfwolken die aus den Felsen steigen und schwefelige Gase und Stickstoff absondern, sind die Zeugen der Ereignisse die sich abgespielt haben. Es ist fast wie in einem Traum, man muss erst einmal realisieren, dass das wirklich die Realität ist. In dem Tal ist eigentlich alles interessant, ich würde mindestens drei Stunden einplanen. Alle Punkte des Tales

Emerald Lake im Southern Krate

genau aufzulisten wäre ein bisschen zu viel, und unnötig, weil ihr bei dem Eintritt ein Informationsblatt erhalten werdet an dem jeder wichtige Punkt entlang des Tales genau beschrieben wird.

Besonders gut gefallen hat mir der Bratpfannensee, es handelt sich hierbei um den größten Thermalsee der Welt. Aus dem Thermalsee steigen Dämpfe auf, welche aus Schwefelgas und Stickstoff bestehen. Deshalb sieht es so aus, als würde der See kochen wie eine Bratpfanne. In der Tat kann man das Brodeln an dem Rand des Sees erkennen, er hat aber nur eine Temperatur von 55 Grad Celsius. Die Form der Bratpfanne erhält der See, da er sich in dem Echo Krater befindet, also ist der Bratpfannensee ein Kratersee. Rund um den Bratpfannensee steigen auch Dämpfe aus den umgebenden Felsen empor, eine echte Märchenlandschaft.

Das inaktive Waimangu Geysir, das im Jahr 1904 das letzte Mal das Wasser bis zu 460 Meter hoch in die Luft spuckte, befindet sich auch in dem Waimangu Valley. Leider hat es sich seit 110 Jahren zur Ruhe gesetzt. 460 Meter sind ja der absolute Wahnsinn, gleich hoch wie die Petronas Towers.

Nach dem Bratpfannensee wanderten wir den gut beschilderten Weg entlang und entschieden uns den Weg hoch auf den Hügel zu wandern (man kann auch den unteren Weg wählen). Nach den vielen Treppen entdeckten wir den Inferno Krater. Das Besondere an diesem Krater ist, dass er sich innerhalb eines 38 Tage Rhythmus auffüllt und wieder entleert. Der 38 Tage Rhythmus steht in Wechselwirkung mit dem Bratpfannensee, da die geothermale Aktivität über das gesamte

Der dampfende Bratpfannensee, rechts erkennt man auch die Dämpfe, die aus den Felsen steigen

Gebiet verteilt ist. Der Kratersee erstrahlte bei uns in hellblau. Je nachdem wie hoch der Wasserspiegel ist variiert die Farbe von hellblau bis grau. Ebenso variiert die Temperatur von 35 Grad bis zu 75 Grad Celsius. Der See ist klar und sauber auf Grund der Schwefelsäure, die freigesetzt wird (pH-Wert 2,8).

Die Wanderung entlang der dampfenden und nahezu siedenden Flüsse fand ich auch faszinierend. Der Rotomahana Lake ist riesengroß und einer der schönsten

Blick auf den Inferno Krater   *Blick auf den Lake Rotomahana*

Seen in ganz Neuseeland mit dem Blick auf den Schicksalsberg Mount Tarawera. Zurück zum Anfangspunkt gelangt man mit dem Shuttlebus, der im Ticketpreis schon inbegriffen ist. Wer will kann auch eine Bootstour auf den Lake Rotomahana machen und zu dem ursprünglichen Standort der Pink and White Terraces fahren. Entlang des Sees kann man auch noch immer die geothermale Aktivität beobachten. Als wir am See ankamen, begrüßten uns die Trauerschwäne, die schwarz wie Kohle übers Wasser dahin gleiten.

Die Besichtigung des Waimangu Volcanic Valley und seiner Geschichte ist einzigartig und wirklich zu empfehlen.

Am späten Nachmittag trafen wir schließlich doch noch in Rotorua ein. In manchen Stadtvierteln stinkt es nach Schwefel, der rund um die Stadt durch die geothermale Aktivität ausströmt. Ein olfaktorisches Erlebnis der Sonderklasse. Man könnte meinen, die Stadt sei auf faulen Eiern gebaut. Rotorua hat fast 60.000 Einwohner und ist vor allem als Kurort beliebt. Durch die hohe thermale Aktivität rund um Rotorua wurden zahlreiche Thermen mit heißen Bädern errichtet. Wenn ich noch einmal nach Neuseeland fahren würde, dann wäre Rotorua bestimmt der Kurort meiner Wahl.

Wer sich für die Kultur der Eingeborenen Neuseelands interessiert, der sollte sich in Rotorua das Maori Dorf Tenaki dick anstreichen. Hier war einst sogar die englische Königin Queen Elizabeth II. höchst persönlich zu Gast und warf Gold-

Die Sinterterrassen eines Kurortes mit Geysiren neben den angrenzenden heißen Pools

münzen von der Eingangsbrücke des Dorfes in den kleinen Fluss. Die Kinder der Maoris tauchten in dem Fluss, um die Münzen herauszufischen. In dem Informationscenter erfuhren wir, dass Tenaki das einzige Dorf in ganz Neuseeland ist, das noch wirklich als bewohntes Maoridorf zählt. Es werden Touren durch das Dorf angeboten, Zeremonien und traditionelle Tänze mit den Ureinwohnern finden hier statt. Der heiße Schwefeldampf steigt im Dorf direkt zwischen den Häusern empor. Die Kultur-Tour durch das Dorf ist teuer (70 Euro) und wir hatten lieber Lust auf Action und jede Menge neuer geothermaler Aktivität, deshalb gingen wir in das Wai-O-Tapu Thermal Wonderland, der Eintritt kostet 20 Euro. In dem Park gibt es wieder einiges zu sehen: Zahlreiche Krater, Seen in den verschiedensten Farben (auf Grund der verschiedenen Elemente die freigesetzt werden), Geysire, Schlammseen, heiße und kalte Seen.

Der Champagner See dampfte stark. Als ich das Foto (unten rechts) machte kam eine dichte heiße Nebelbank aus Stickstoff und all den anderen Dämpfen direkt auf mich zu. In dem heißen Nebel wird einem fast schwindelig. Ansonsten

Verschiedene Blickpunkte auf den Champagner See

ist der See echt cool, am Rande sind orange Sedimente abgelagert und er ist rund 70 Grad heiß, was man neben dem See auch gut spüren kann. Von dem Lookout auf der gegenüberliegenden Seite sieht man wie der See den Himmel widerspiegelt (Bild oben links).

Den Schwefelsee fand ich auch krass, gelber kann ein See gar nicht sein. Vom Ende des Gehweges hat man den Blick auf einen schönen grün-gelblichen See. Bei super Wetter kann man sogar den Mount Ruapehu am Horizont im Hinter-

Der Schwefelsee in einem Krater   *Der grüne See am Ende des Gehweges*

grund noch erkennen, wir hatten wieder mal Glück und blickten zum letzten Mal auf unseren Lieblingsberg in Neuseeland.

Der bekannte Lady Knox Geysir in dem Park wird jeden Tag um 10:15 Uhr durch Seifenstücken zu einer kontrollierten Wasserexplosion gebracht. Das Wasser spritzt dabei wie eine Fontäne bis zu 20 Meter in die Luft. Bei uns spritzte der Geysir rund 25 Minuten das Wasser meterhoch in die Luft.

Nach der Wai-O-Tapu Tour fuhren wir noch völlig ungeplant zu dem Lake Tarawera, auf dem Weg kamen wir an dem Burried Village vorbei, das bei dem Vulkanausbruch 1886 unter der Asche begraben wurde. Kurz danach erblickten

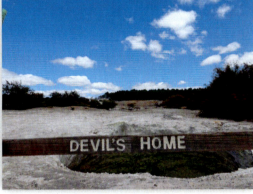

Der Lady Knox Geysir *Das Heim des Teufels, einer von vielen Kratern in dem der heiße Schlamm brodelt*

wir neben der Straße einen fantastischen Aussichtspunkt über die Wälder rund um den Lake Tarawera und den Mount Tarawera. Einer der schönsten Lookouts der gesamten Reise. Am Ufer des Lake Tarawera bewunderten wir später noch die Natur, ein echtes Paradies. Rund um Rotorua gibt es viele große und schöne

Blick von dem Lookout auf den Lake Tarawera

Seen, aber ich würde fast behaupten, dass der Lake Tarawera einer der schönste von allen ist. Bei gutem Wetter müsst ihr in Rotorua auf jeden Fall mindestens einen Tag an den verschiedenen Seen einplanen.

Wie ihr gesehen habt gibt es in Rotorua echt viele interessante Sachen zu

begutachten, ich würde euch hier mindestens zwei bis vier Tage empfehlen. Bucht euch das YHA-Hostel, wir fanden es okay.

Hobbiton und Auckland

An unserem letzten Tag in Neuseeland sind wir nach Auckland gefahren, von hier wird unser Flieger morgen zu den Fiji Inseln starten. Der größten Stadt Neuseelands wollten wir unbedingt noch einen kurzen Besuch abstatten. Die Fahrzeit von Rotorua nach Auckland beträgt zwei Stunden und 30 Minuten. Einen Zwischenstopp legten wir in Matamata ein. Hier wurden die berühmten hügeligen Szenen aus „Der Hobbit" gedreht und das Dorf der Hobbits (Hobbiton) liegt in den Hügeln von Matamata. Zu dem Filmset gelangt man leider nur mit einer Tour, die im Informationszentrum von Matamata gebucht werden kann (45 Euro).

Unser nächster Stopp war unser letzter in Neuseeland – das große Finale in Auckland. Wer hätte schon gedacht, dass wir es im Linksverkehr bis nach Auckland schaffen. Je weiter man Richtung Auckland fährt, umso größer werden auch

Zwischenstopp in Matamata – dem hügeligen Drehort und Zuhause der Hobbits

die Highways die in die Millionenstadt führen. In Auckland wohnt ein Drittel der Bevölkerung Neuseelands (rund 1,4 Millionen Einwohner). Die Stadt ist in einer Landschaft zwischen 48 inaktiven Vulkanen eingebettet und liegt direkt am Meer. Um eine Übersicht über die Stadt zu bekommen und die Landschaft besser zu sehen, entschieden wir uns dafür auf den Mount Eden zu wandern. Ein beliebter Ausflugsort für die Touristen, es handelt sich dabei um einen erloschenen Vulkan mit Krater. Eine super 360 Grad Sicht auf die Skyline, den Hafen und die gesamte Stadt bietet sich auf diesem Vulkankrater. Viele Leute joggen oder fahren mit dem Fahrrad hoch.

Den Rest des Tages verbrachten wir in dem Stadtzentrum und wanderten entlang des wunderschönen Hafens mit Blick auf die Skyline. Da gerade Wochenende war, ist auf dem Hafen relativ viel los gewesen, neben dem Hafen Viaduct fand ein Konzert statt, viele Bars und Restaurants laden entlang des Hafens zum Essen und Trinken ein. Ein wunderschöner Platz um die Neuseeland Reise gut ausklingen zu lassen. Die Innenstadt sind wir natürlich auch noch abgelaufen um so viele Eindrücke wie möglich von der größten Stadt Neuseelands mitzunehmen.

Blick von dem Vulkankrater des Mount Eden auf die Skyline von Auckland

Den letzten Abend in Auckland machten wir durch! Früh morgens fuhren wir dann direkt zu dem Flughafen, von wo unserer Reise Richtung Fiji Inseln losging. Deshalb kann ich euch leider nicht mit Hostel Tipps versorgen. In den drei Wochen in Neuseeland sind wir rund 4.500 km mit dem Auto gefahren. Das Land ist unglaublich schön und hat Facetten wie ein grüner Diamant. Unberührte

Blick auf den Aotea Platz in Auckland   *Blick auf den Sky Tower*

Landschaften, Alpen, Fjorde, wunderschöne Strände und Küsten, Vulkane, Großstädte, jede Menge Kultur, super Wanderwege, Regenwälder, die schönen Seen und einzigartigen Gletscher waren phänomenal. Alles zusammen macht dieses Land zu einem perfekten Reiseziel für einen Roadtrip! Leider hatten wir nur zwei Wochen auf der Südinsel und eine Woche auf der Nordinsel Zeit, aber haben dennoch probiert so viel wie möglich aus unserer Zeit zu machen. Der Wettergott war meistens auf unserer Seite, da hatten wir echt Glück. Vor allem auf der Nordinsel wären noch viele Orte, die wir uns noch gerne angeschaut hätten, wie z. B. die Peninsula Coromandel und die Bay of Islands im Norden von Auckland, aber in einer Woche war leider nicht mehr möglich und wir haben unsere Ziele ja fast alle erreicht. Ich würde euch drei Wochen auf der Südinsel und zwei Wochen auf der Nordinsel empfehlen. So könnte man auf der Südinsel noch den Milford Track dazu hängen und auf der Nordinsel Coromandel und die Bay of Island. So wäre laut meiner Meinung die Neuseeland Reise perfekt. Genießt die Zeit in Neuseeland, mit Sicherheit eines der schönsten Länder dieser Welt.

Blick auf den Hafen von Auckland

Last Stop Fiji – Yasawa Islands

Vor dem Flug nach Fiji habe ich im Internet einige Reiseerfahrungen von anderen Personen in Fiji verglichen. Einige Backpacker haben dazu geraten, dass es eine gute Option wäre, einfach hinzufliegen und alles direkt am Flughafen von Nadi zu buchen.

Fiji besteht aus 333 kleinen Inseln, auf denen zum Teil der fijianische Dialekt so verschieden ausgeprägt ist, dass alle Bewohner der Inseln einen gemeinsamen Dialekt und Englisch erlernen müssen, um sich verständigen zu können. Alle Fijis sprechen deshalb gutes Englisch, also keine Sorge. Am Flughafen angekommen, spielte bereits eine einheimische Gruppe ein Willkommenslied für uns Passagiere. Der Pilot sagte bei der Ankunft durch, dass wir die Uhren ablegen sollten, da in Fiji die Fiji Time gilt. Also punktgenaue Termine wie in Europa kann man sich abschminken und sollte darauf achten, dass man trotzdem den Abflugtermin wieder pünktlich erreicht. Da der Flughafen eine Ausnahme bildet und hier keine Fiji Time gilt. Unser Reiseberater am Flughafen hatte ebenfalls den falschen Tag im Kopf und wir mussten ihn erst einmal über das genaue Datum informieren.

Im Grunde genommen gibt es unzählige Möglichkeiten, um von dem Festland auf verschiedene Inseln zu gelangen. Für die Backpacker gibt es die Möglichkeit auf dem Festland den Urlaub zu genießen oder Island Hopping zu betreiben, also von einer Insel zur nächsten zu fahren. Für das Island Hopping stehen die Yasawa Islands, wo der Film „Blue Lagoon" gedreht wurde oder die Mamanuca Islands wo der Film „Castaway" gedreht wurde zur Auswahl. Wir entschieden uns für das Yasawa Island Paket.

Also haben wir den Bula-Bootspass genutzt um auf die verschiedenen Inseln der Yasawas zu gelangen und die Unterkunft zu buchen. Bereits im Internet habe ich mich schlau gemacht, dass es sich wohl rentiert bei den verschiedenen Unterkünften auf den Inseln ein bisschen zu investieren. Man kann entweder ein Coconut, zwei oder drei Coconut Unterkünfte buchen. Die Coconuts sind mit Sternen vergleichbar, je mehr Coconuts, umso besser die Unterkunft und das Essen. Deshalb buchten wir die zwei Coconut Unterkünfte zu dem Bula-Bootspass hinzu.

Den ersten und letzten Tag werden wir auf dem Festland verbringen. Auf dem Festland raten einem die Reiseberater gerne dazu, das Smugglers Cove Backpacker Hostel zu buchen. Wir haben in dem Hostel neben Smugglers Cove übernachtet. Es kostet halb so viel und man kann trotzdem in das Smugglers Cove zum Abendessen, Party machen und auf den Strand gehen. Die Hostels sind miteinander verknüpft.

Nach unserer ersten Nacht auf der Hauptinsel Viti Levu war es soweit. Um 8:00 Uhr morgens holte uns der Bus ab und wir wurden zu dem Hafen gefahren. Es wurde uns geraten hier genügend Essen und Trinken einzukaufen, da es auf den Inseln wohl keine Einkaufsmöglichkeiten gibt und es teuer sein soll. Davon kann ich nur abraten, am Hafen war alles teuer und auf den Inseln die wir ansteuerten waren kleine Supermärkte in denen alles viel billiger war. Trotzdem kauften wir ordentlich ein, um unser Überleben zu sichern.

Eine der kleinsten Inseln der Yasawas

Strahlender Sonnenschein und wir auf dem Deck des Bula-Bootes liegend, startete das Boot in Richtung Yasawa Inseln. Unser Reiseberater hat uns empfohlen zuerst an den nördlichsten und somit am weitesten entfernten Inseln Halt zu machen, da es die Schönsten sein sollen. Wenn man hier alle schönen

Korallenriffe abgeschnorchelt hat und so manche Bootstour oder einen Tauchkurs hinter sich hat, kann man die restliche Zeit immer noch dazu nutzen um die südlicher gelegenen Inseln zu erkunden. So fuhren wir bei unserer ersten Bootsfahrt schon mal an allen Inseln vorbei und konnten sie uns aus nächster Nähe anschauen und begutachten. Die schönsten Inseln haben wir natürlich sofort auf unserer Inselkarte markiert, damit wir sie bei dem Rückweg ansteuern können.

Eine der größten Inseln der Yasawas

Die Inseln sind alle wunderschön, aber es gibt einige die sind besonders einzigartig.

Die erste Insel auf der wir nach der fünfstündigen Bootsfahrt anlegten war Nacula, ganz im Norden der Yasawa Inseln, wie es uns der Reiseberater empfohlen hatte. Auf dem Bula-Boot konnten wir völlig entspannt und einfach die Unterkunft buchen. Wir entschieden uns für das 2 Coconut Resort Safe Landing. Von dem Bula Boot wurden wir nahe der Insel von ei-

Der Strand und die Aussicht von unserem Strandbungalow auf die Insel Nacula

nem kleinen Motorboot empfangen. Das Wasser war der absolute Hammer, glasklar und die Korallenriffe waren bereits deutlich unter uns zu erkennen. Ich konnte es kaum glauben, als wir auf den Strand hingefahren sind, Bungalows, Palmen, Hängematten, weißer Sandstrand und die Eingeborenen der Insel begrüßten uns mit traditionellem Gesang, wie so üblich auf den Inseln. Die Chefin des Resorts gab uns einen super Bungalow direkt am Strand, perfekt. Ein Traum, jahrelang habe ich mir das Poster von den Fiji-Inseln in meinem Zimmer angeguckt und jetzt stehe ich selbst da.

Die ersten zwei Tage auf der Insel Nacula haben wir einfach nur genossen und die unglaubliche Sicht auf das Meer, der Natur und die Fiji Time in uns aufgesogen. Ein Bewohner der Insel hat mir gelernt wie man Kokosnüsse öffnen kann, was anstrengend ist bei 32 Grad.

Nach den zwei Tagen entschieden wir uns, auf die Nachbarinsel zu fahren und in das Coralview Resort zu wechseln, was nur einige km entfernt liegt. Um 13:00 Uhr luden wir unseren Rucksack auf das kleine Motorboot auf, es begann plötzlich in Strömen zu regnen, der Himmel war total dunkelblau, aber wir machten uns nicht weiter Sorgen. Ich und meine Freundin saßen am Ende des Motorbootes, vor uns saß ein Italiener den wir auch schon kennen gelernt hatten, er versuchte sich selbst und sein i-Pad vor dem strömenden Regen und den Brechern, die über den Bug gewischt kamen, zu schützen. Keine Chance, wir wurden klatschnass, der Regen wurde immer stärker und die Wellen höher und höher. Plötzlich kam eine ungeheure Regenwelle auf uns zu, noch dazu eine dichte Nebelbank.

Der Bootsfahrer guckte um sich, es schien als hätte er für kurze Zeit die Orientierung verloren. Sein Kiefer und die Kaumuskulatur verhärten sich, er gab ordentlich Gas. Die Wellen schlugen über das Boot und so langsam wurde selbst uns mulmig. Nach zehn Minuten kamen wir an dem wankenden Bula-Boot an, wo wir seekranke weinende und beängstigte Leute vorfanden. Wir mussten nur kurz einsteigen, unseren Aufenthalt buchen und auf das nächste Motorboot umsteigen.

Unter strömenden Regen fuhren wir zu dem Coralview Beach Resort auf Tavewa Island. Während dem Mittagessen wurden wir hier aufgeklärt, dass dies wohl die Vorboten eines Zyklons sind, der die nächsten zwei Tage über Fiji brausen wird. Wow, hätte ich das vorher gewusst, dann hätte ich mir bestimmt mehr Gedanken bei der Überfahrt gemacht.

Es handelte sich Gott sei Dank nicht um einen Monster-Zyklon. Jede Stunde sah man von Neuem wie eine riesige Regenwelle mit ungeheurer Geschwindigkeit auf die Insel zuraste. Wenn die Regenwelle auf die Insel trifft, entsteht plötzlich aus der Windstille ein echter Orkan und es fühlt sich an, als würde einer hundert Eimer Wasser gleichzeitig auf einen herab schütten. Wie eine Welle die geradewegs mit Regen und Sturm auf die Insel einschlägt. Begleitet von orkanartigen Böen fielen in einigen Minuten immer wieder enorme Regenmassen, die den Boden unter ca. 30 cm Wasser versinken ließen.

Eine Sturmböen des Zyklons die den Strand erreicht

Kaum war das Wasser endlich von dem Boden aufgesogen, kam auch schon die nächste Regenwelle auf uns zugerast, zwei ganze Tage lang. Manchmal dachte ich schon, dass das Dach unseres Bungalows über uns von Orkanböen weggerissen wird, aber das Dach hielt Gott sei Dank stand und nach zwei Tagen des Wartens war der Spuck vorbei.

Während des Zyklons konnte man eigentlich nur abwarten und die Zeit totschlagen. Die Resort Betreiber ließen sich einiges einfallen, so wurde ein Markt organisiert, bei dem man Handarbeit- Artikel der Ureinwohner kaufen konnte.

An einem Abend wurde eine traditionelle Kava Zeremonie durchgeführt. Freiwillige konnten daran teilnehmen, das ließ ich mir natürlich nicht entgehen. Die Cava Zeremonien finden in Fiji traditionell bei dem Besuch wichtiger Personen oder während wichtigen Treffen der Einwohner statt. Bei der Cava Zeremonie wird ein Trank namens Cava getrunken, dieser wird aus der Cava Wurzel eines Pfefferstrauches gewonnen. Die Fidschianer sagten uns, dass das Cava trinken eine rauschartige Wirkung haben kann, normalerweise trinken nur Männer den Trank. Wir saßen dabei gemeinsam mit den Fi-

Die Kava Zeremonie am Abend im Coralview Resort

dschianern im Kreis und alles lief nach einem bestimmten Ritual mit Regeln und einer Reihenfolge ab. So musste man zu einem gewissen Zeitpunkt in die Hände klatschen und die Kokosnussschale, wenn leer getrunken zurückreichen. Jeder konnte selbst entscheiden, wie viel er trinken wollte oder wann er aussteigen will.

Während der Zeremonie erzählten uns die Eingeborenen einige interessante Mythen, Sagen und Geschichten über ihre Heimat im Pazifik. So erzählten sie uns, dass die Männer des Sawau Stammes durch das Feuer laufen können ohne sich zu verbrennen. Diese Gabe wurde ihnen geschenkt, da sie einen Gott gefangen hatten und ihn töten wollten. Dieser versprach ihnen Reichtum, Essen u.v.m. für seine Freilassung. Da die Krieger des Sawau Stammes aber schon alles hatte wollten sie den Gott trotzdem umbringen. Nur die Gabe über das Feuer zu laufen konnte die Krieger umstimmen, so gab ihnen der Gott diese außergewöhnliche Gabe. Damit sie aber auch funktioniert, müssen die Männer des Sawau Stammes zwei Wochen lang den Kontakt zu Frauen meiden und dürfen keine Kokosnüsse zu sich nehmen.

Ja die Nacht mit den Fidschianern und der traditionellen Cava Zeremonie war schon einzigartig und etwas Besonderes, während im Freien der Zyklon tobte und einige Blitze mit Donner niedergingen. Ich persönlich konnte zwar spüren, dass meine Zunge leicht taub wurde, eine rauschartige Wirkung durch den Cava Trank stellte ich jedoch nicht fest.

Auf Grund des Zyklons entschieden wir uns noch zwei Tage länger im Coralview Resort auf Tavewa Island zu bleiben. Am nächsten Morgen war die Sonne wieder da und wir buchten den Cave Trip.

Gemeinsam mit zwei Frauen aus Israel und einem Ehepaar aus Kanada fuhren wir mit dem Motorboot zu der rund 30 Minuten entfernten Höhle. Hier machten wir Halt an einem echten Traumstrand. Über Stufen gelangt man in das Innere der Felsenhöhle. Die Stufen enden direkt in dem Wasser der Höhle, hier mischen sich Regenwasser und Meerwasser. Alle ziehen sich die Tauchbrille und den Schnorchel an und springen ins Wasser der Höhle. Das Wasser ist recht kalt und dunkel. In dem Wasser sind auch einige Fische. Die erste Höhle hat eine Öffnung durch die das Tageslicht zwischen die Felsen eindringt.

Nach fünf Minuten packten unsere einheimischen Tourführer die wasserdichten Tauchlampen aus. Los geht's, wir mussten 5-10 Meter unter die Felsen der ersten Höhle durch einen Tunnel tauchen um in die nächste Höhle zu gelangen. So etwas habe ich bisher nur in Filmen gesehen. Während sich einige Sorgen machten, ob sie es wohl schaffen können so lange die Luft anzuhalten, bin ich relativ entspannt und freue mich darauf. Nach fünf Metern kann ich bereits das Licht auf der anderen Seite der Höhle erkennen und tauche wieder auf.

Chrissi und ich im Inneren der Höhle

Unglaublich, kein Tageslicht, alles ist dunkel und ich bin in irgendwo in einer dunklen Höhle auf einer Insel Fijis. Ohne Tourführer und Licht wäre man verloren. Wir schwammen alle gemeinsam durch die Höhle und die Fijis begannen laut zu schreien, das Echo war atemberaubend. Ganz am Ende der Höhle gibt es ein Loch in dem Felsen, durch das ein bisschen Tageslicht hindurch kommt. Bevor die Flut kommt und das Wasser wieder schnell ansteigt, müssen wir wieder in die erste Höhle zurückschwimmen und tauchen. Saugeil kann ich nur sagen. Also den Cave Trip müsst ihr auf jeden Fall mit einplanen, es rentiert sich.

Auf unserem Weg zurück zu dem Resort kreuzten wir noch einige Trauminseln auf denen gelegentlich Hochzeiten stattfinden. Selbst das kanadische Ehepaar, das schon nahezu die ganze Welt gesehen hat war davon stark beeindruckt.

Am Nachmittag bestritten wir sofort nach dem Essen unseren zweiten Ausflug, die Snorkelling Safari. Unser Bootsführer ließ uns an drei verschiedenen Stellen aus dem Boot springen.

Die Korallenriffe sind der Hammer, mindestens genauso schön wie das Schnorcheln am Great Barrier Reef. Tausende Fische und die bunten Korallen lassen einen in ein Traumland eintauchen, dass ich mir nicht einmal in meinen kühnsten Träumen vorstellen konnte, so verging die Zeit wie im Fluge. Die Inseln mit ihren Korallenriffen und dem glasklaren Wasser sind der absolute Wahnsinn.

Eine von vielen Trauminsel während der Bootsfahrt

Von der Schnorchel Safari zurückgekehrt zogen wir unsere Wanderbekleidung an und machten uns auf den Weg den Sonnenuntergang auf dem Gipfel der Insel zu genießen. Mitten durch den Regenwald und meterhohen Gräsern bahnten wir unseren Weg Richtung Gipfel, was für ein Ausblick von da oben, man kann die Korallenriffe durch das glasklare Wasser sehen. Und der Sonnenuntergang war traumhaft.

Heil zurück im Resort angekommen, waren die Fidschianer bereits am Grillen mit riesigen Feuerflammen. Mann, war das gut und danach folgte gleich eine Feuershow mit Tanzeinlagen, bei der Einwohner von Samoa und verschiedenen Inseln Fijis ihr Können unter Beweis stellten. Einfach Weltklasse, was für eine super Tradition. Zudem führten sie einen Frauentanz auf und einen Tanz, bei dem selbst die Kleinkinder mit den Erwachsenen ihre traditionellen Tänze aufführten. Besonders interessant fand ich die Feuershow und den Tanz mit den Messern, die die Männer in „Lichtgeschwindigkeit" um ihre Körper kreisen ließen.

Der Beginn des Wanderweges

Sonnenuntergang am Gipfel der Tavewa Insel

Den letzten Tag auf Tavewa Island nutzen wir dazu, um eine Bootsfahrt zu der Nachbarinsel Nanuya Lailai zu unternehmen. Hier liegt der Traumstrand Blue Lagoon, Drehort des Filmes „Die blaue Lagune", 1980 hier gedreht. Das Schnorcheln vor dem Strand ist „such as dolphins love" und auf dem Strand selbst waren wir die einzigen außer ein paar Kokosnüssen, ich konnte es gar nicht fassen, weißer Sand, Traumstrand und wir sind wirklich die einzigen auf dem kilometerlangen Sandstrand. Nur Wasserflugzeuge voll Touristen, die zum einzigen Resort der Insel fliegen, sind manchmal zu sehen.

Am nächsten Tag fuhren wir mit dem Bula-Boot zu dem Barefoot Island Resort auf Drawaqa Island. Auch hier hatten wir einen Traumbungalow, von den Fidschianern auch Bure genannt, was so viel wie Haus bedeutet, direkt an dem Sunset Beach.

Es gibt drei Strände auf der Insel. Den Sunrise Beach, von wo man den Sonnenaufgang sieht, den Sunset Beach wo man den traumhaften Sonnenuntergang beobachten kann und den Mantaray Beach, wo zwischen Mai und Oktober metergroße Mantaray-Rochen ihr Unwesen treiben. Die Mantaray Rochen sind ungefährlich und begleiten einen während der Schnorchel und Tauchtouren. Alle drei Strände sind nah beieinander und perfekt. Nach ein paar Metern des weißen Sandstrandes folgt auf jedem Strand be-

Sunset Beach beim Sonnenuntergang

reits das Korallenriff, dass eines der schönsten und gepflegtesten von Fiji sein soll, wie uns der Meeresbiologe des Resorts erklärt.

Die nächsten Tage waren wir also mit Schnorcheln und Seekajaking beschäftigt. Mit dem Seekajak umrundeten wir einmal sogar mit aller Mühe die gesamte Insel.

Mantaray Beach

Barefoot Island ist ein echtes Paradies. Egal wie oft man auch schnorcheln geht, man entdeckt einfach immer wieder neue Fische und Korallen in allen möglichen Farbkonstellationen. Der Sunrise Beach ist bei Ebbe gut für das Schnorcheln geeignet und der Mantaray und Sunset Beach sind während der Flut optimal, so kann man echt den Tag perfekt verschnorcheln. Eine Australierin älteren Baujahres meinte, dass sie hier endlich ihr persönliches Schnorchel-Paradies gefunden hat.

Auch zertifizierte Tauchkurse werden in fast allen Resorts angeboten, so auch auf Barefoot Island und das zu günstigen Preisen. Leider musste ich den Tauchkurs am zweiten Tag abbrechen, da ich nach meinem Tauchgang am ersten Tag, der übrigens super war, leider Ohrenschmerzen bekommen habe. Ein Tauchkurs auf Fiji würde sich auf jeden Fall rentieren in dem Tauch und Schnorchelparadies.

Am Abend erzählte uns ein Fiji noch ein paar interessante Geschichten über die Inseln. Bis vor rund 150 Jahren wurde auf den Inseln noch Kannibalismus betrieben. Opfer des Kannibalismus seien aber nicht Frauen oder Kinder gewesen sondern die stärksten Kämpfer der jeweiligen Inseln. Die Fidschianer waren nämlich der Überzeugung, dass man durch die Aufnahme des Blutes eines starken Kriegers von einem anderen Stamm, seine Kraft übertragen bekommt und man somit durch die neuen Fähigkeiten stärker wird. Das letzte Opfer des Kannibalismus war der Missionar Thomas Baker im Jahre 1867. Kaum zu glauben, dass die Vorfahren der freundlichen Einwohner vor 150 Jahren noch Kannibalen waren.

Noch dazu erzählt er uns lachend, warum in Fiji die Fiji Time herrscht. Der Grund dafür liegt auf der Hand meint er. Ansonsten würden die anderen Länder auf unserer Erde nicht mithalten können, wenn sie sich hier nicht extra Zeit lassen würden. Die Datumsgrenze verläuft genau durch die drittgrößte Insel Fijis, Taveuni genannt. Zu der Jahrtausendwende kamen zahlreiche Menschen angereist, um auf dieser Insel als erste in das neue Jahrtausend zu starten. Auf dem 180 Grad Meridian ist es möglich die Datumsgrenze zu überspringen.

Er erklärte uns noch einmal, dass auf vielen Inseln Fijis verschiedene Sprachen gesprochen werden. Manche Inseln werden von Fähren nur einmal pro Monat angesteuert. Also wenn ihr auf diese Inseln fahren wollt, dann müsst ihr euch auch mal darauf einstellen gar keinen Strom vorzufinden, keine Supermärkte , aber dafür soll auf diesen Inseln wirklich die Fiji Time gelten. Man steht morgens auf wenn man Lust hat und versorgt sich selbst mit Essen und Trinken, wobei man in der regenarmen Zeit vor allem auf Kokosnussmilch angewiesen ist. Er freut sich schon auf seiner Fiji Time Insel in ein paar Jahren seinen wohl verdienten Lebensabend zu verbringen, beeindruckend wie ich finde. Wie man sieht kann man auch ohne Geld ein glückliches Leben verbringen.

An unserem vorletzten Abend entschlossen wir uns dazu, noch einmal einen Inselwechsel zu machen. Wir fahren nach Waya Sewa Island an unserem letzten Tag auf den Yasawas Inseln. Die Insel habe ich bereits am ersten Tag auf dem Bula-Boot dick angestrichen. Ein wunderschöner Berg liegt direkt oberhalb des Resorts. Den muss ich noch besteigen! Die Aussicht von da oben muss gigantisch sein. Das Resort hat zwar nur eine Coconut und das Essen war auch nicht das Beste aber die Bure war ok, bis auf die Kakerlaken die am Abend rumtanzen. Am nächsten und letzten Tag war es dann soweit, am Morgen fuhren wir mit den Ureinwohnern raus zu einem wunderbaren Korallenriff, wo wir Schnorcheln konnten. Zum ersten Mal sahen wir Riffhaie und Seeschlangen, während die Einwohner mit der Harpune ihr Mittagessen fischten. Die Seeschlange war übrigens verdammt giftig, aber sie war gnädig und hat uns noch einmal verschont. Wieder auf der Insel angekommen, begann ich auch schon mit einem Eingeborenen den geführten Aufstieg auf den Gipfel des Berges, der rund eine Stunde dauerte. Der Weg führte uns vorbei an Zuckerrohrplantagen, Papaya Sträuchern, meterhohen Gräsern und einfach mitten durch den Regenwald bis hoch auf den Gipfel. Von der Spitze des Berges hat man eine fantastische Weitsicht über fast alle Yasawa Inseln, sogar die Mamanuca Insel wo der Film „Castaway" gedreht wurde kann man von der Spitze des Berges gut erkennen. Der letzte Abstecher auf diese Insel hat sich also voll ausgezahlt. Mit Sicherheit eine der schönsten Aussichten meiner ganzen Reise.

Die Aussicht auf den Gipfel aus dem Regenwald

Beim Abstieg zeigte mir mein einheimischer Wanderführer noch seine Zuckerrohrplantage. Wir legten eine Pause ein und aßen gemeinsam Papaya und nussartige Früchte, die hier mitten im Regenwald wachsen. Er ließ mich auch noch eines seiner Zuckerrohre testen, schon wieder eine unbeschreibliche Erfahrung. Die Fidschianer werden mir echt freundlich und hilfsbereit in Erinnerung bleiben! Jetzt heißt es endgültig Abschied nehmen, wir fuhren mit dem Bula-Boot wieder Richtung Festland Viti Levu und verbrachten dort unseren letzten Tag in der Südsee vor die lange Heimreise anstand.

Die Aussicht von dem Gipfel - Die Insel rechts im Hintergrund war der Drehort für den Film „Castaway"

Heimreise

Die Heimreise war ein echter Ultramarathon, von Nadi flogen wir am nächsten Morgen mit Fiji Airways nach Auckland, hier mussten wir umsteigen auf den Flug nach Melbourne. In Melbourne flogen wir nach einer siebenstündigen Wartezeit über einen Umweg nach Kuala Lumpur. Was hat uns der Reiseveranstalter denn da schon wieder für einen Flug gebucht? Nach der Wartezeit in Kuala Lumpur ging unser Flug nach Dubai und von Dubai unser letzter Flug nach München. Insgesamt rund 30 Stunden Flug und 20 Stunden Wartezeit.

Bei dem Flug nach Melbourne sahen wir ein Buschfeuer, das unter uns „Land verschlang", soweit das Auge reichte. Kaum zu glauben, als ich in Melbourne war, ist es noch recht kühl gewesen und die Landschaft war grün und jetzt herrschen 40 Grad, das Land war ausgetrocknet und stand unter Feuer!

Eigentlich haben wir bei unserer Rückreise noch einmal an unseren Hauptreisezielen einen Stopp gemacht, deshalb kamen auch viele Erinnerungen in uns hoch und wir realisierten, wie schön die Zeit und die Reise doch eigentlich waren. Eine super Zeit, wahrscheinlich eine der besten meines Lebens und ich würde immer wieder den Plan „Mein Plan ist kein Plan" schmieden. Ich kann euch diese Erfahrung von ganzem Herzen weiterempfehlen, es gibt so viele schöne Orte auf dieser Welt zu erkunden, man muss nur die Courage haben sich auf den Weg zu machen.

Bilder während des Fluges von Fidschi nach Neuseeland

Danksagung

Der Weg ist das Ziel, wusste schon Konfuzius. Ich glaube, er hatte recht. Auf einer Reise lernt man Menschen kennen oder travelt mit solchen, die man gerade kennengelernt hat. Meine Reisepartner in Down Under bescherten mir eine tolle Zeit, wahrscheinlich die schönste meines Lebens. Ich danke ihnen allen für diese schier unglaublich positive Erfahrung. Die nachfolgend Genannten sind mir besonders im Gedächtnis geblieben:

- Christine Baron: Vielen Dank für die wunderschöne Zeit und die Begleitung bei all den Marathonreisen durch Asien, Neuseeland und Australien. Mit dir zu reisen macht einfach Spaß, da man nie weiß, was alles passieren wird und wo man am Ende landet. Sightseeing von früh morgens bis in die dunkelste Nacht hinein und natürlich ohne Pause, das ist nur mit dir möglich. Ohne dich wäre dieses Buch nie zustande gekommen, weshalb ich es dir widme.
- Skischule Thredbo: Vielen Dank an alle Skilehrer, Supervisor und Freunde in Australien für die coole Zeit. Einen besonderen Dank an Jacqui Munro für all die Sightseeingtouren in Sydney und an der Central Coast.
- Hanna Laura Lutz: Danke für die zufällig entstandene Reise von Coober Pedy bis Townsville.
- Ein Dankeschön an unseren tapferen Bootsführer, auf den Fidschi Inseln, der es geschafft hat, uns bei sturmgepeitschten Wellen und dem strömenden Regen des Zyklons lebend zu dem Bula Boot zu skippern.
- Yann Matita und Yohnny Gordo: Vielen Dank für das kurze, harte Training und die Unterstützung bei dem Sydney Marathon.
- Magic 4, Ramona Fichter und meiner Familie: Ein besonderer Dank gilt natürlich den Menschen, die nahezu neun Monate auf meine Gesellschaft und Unterstützung verzichten mussten und mir dennoch die „Lizenz zur Freiheit" einräumten.
- Manuel Guadagnini: Vielen Dank für die professionelle Gestaltung des Buchcovers.

Beim Verlag Dortmunder Buch sind erhältlich:

Peter Gallus

Pastorin und Kalaschnikow
Krimi

Vor Allahs Angesicht
Roman

Going Upstairs
Roman über den afrikanischen Exodus

Tod vor Toulon
Roman aus dem Seglermilieu

Der Ritter mit dem eisernen Halsband
Roman

Das Halsband des Lambert von Oer
Theaterstück

Der Schulstreit von Havixbeck
Theaterstück

Das Weihnachtsmusical
Über die Geburt Christi

Buße für Melchior
Theaterstück

Das Eiserne Halsband
Theaterstück

Barbara Klein

Halifax und More
Ein Erlebnisbericht

Josefus von Speckstein
Ein Kinderroman

Peter Dürrbaum

Manchmal denke ich an Cordes
Erinnerungen

Thorsten Schröder

Wärmequellen für Wärmepumpen
Sachbuch

Jan Michaelis, Barbara Klein, Judith Gottschalk, Elisabeth Jansen, Peter Gallus, Heidelore Verhasselt

Frauen – Mörder – Mörderinnen
Krimianthologie

Jan Michaelis, Gaby Rücker, Claudia Koch, Gebhard Mantz Stefanie Augustin Kurt Fürstenberg, Walburga Feistl, Marlies Strübbe-Tewes Peter Gallus

Frauen – Mörder – Mörderinnen 2
Krimianthologie

Dr. Gerd Möller

Erinnerungen einer Mutter von fünf Söhnen
Biographie

Das Leben ist ein Streichelzoo
Biographie eines Widerspenstigen

Heidelore Verhasselt

Lebenskarussel
Biographie

Verlag Dortmunder Buch
Dieckmannweg 3a
44339 Dortmund
Tel: +49 (0)231 2206602
Fax: +49 (0)231 2206603
verlag@dortmunder-buch.de
www.dortmunder-buch.de